魏晉思想與談風

何啓民著

臺灣學生書局印行

自序

對於從事歷史研究的工作者來說，面對一堆史料，而給予一合理的解釋，他的目的，僅在尋求過去事物發生的眞相，以說明其時代。由於觀點的差異，認識的不同，所得的結果，也自難求其一致。我們很難指明何者爲是？或何者爲非？而全然視其所能詮釋範圍的大小，深度的多少而定。魏晉思想是一個老的課題，本書並不在重複前人所說，而想從另一角度來透視，這就是從魏晉時代思想與談風的相互關聯中，探尋其本身所具有的眞實意義和精神。談論的本身，誠然是種外在的技巧和手段，不該因之而忽略了人們內心的感受。在一般人看來，魏晉思想，毋寧是一種內心的解放，再顯現於日常生活言行的各方面。事實上，這是一種似是而非的說法。魏晉思想決不是一種人生日用的哲學，因爲它不講求用，而重的是體。人們努力地，想樹立一宇宙萬物皆資以遵循的完整理論體系。憑藉談論，才能顯示此一理論的價值，才能爲一般人所接受。爲談論而思想，爲思想而談論，是這一時代思想的特徵。我們說它是極高明的，却非道中庸的，原因也就在此。

作爲臺灣大學畢業論文，在勞師貞一、王師叔岷二教授指導和鼓勵下，初稿原名魏晉南北朝的談風，一名魏晉南北朝談論史，並獲得民國四十六年度中央研究院傅孟眞先生論文獎金。然而由於內容牽涉的過於廣泛，和某些地方的滯而難通，遂開始了著者九年的系列研討。並遠適香港，入新亞研究所，從錢賓四、唐君毅二師游。其間，竹林七賢研究曾抽出單獨成篇，由中國學術著作獎助委員會獎助出版。本書亦以偏重魏晉，且主旨在說明思想與談風的相互關係，乃易以今名，並承中國學術著作獎助委員會再度惠予獎助，使本書能繼竹林七賢研究之後出而問世，這是著者要深深地感謝的。

何啓民　民國五十五年九月於臺北寓所

魏晉思想與談風

目次

魏晉思想與談風

何啓民

一　魏晉思想與談論的關係

魏晉兩百年，中國處於一個混亂、分裂的狀態中。然對這一時期重新論估後，可以發現內憂外患，並沒有能窒息當時人的精神生命，反而是活潑潑地，豐富，而且充實，帶給了後人無比的憶念和嚮往。

中國哲學思想的傳統，照馮芝生氏的說法(註一)，講求的是所謂超越人倫日用，而又在人倫日用之中，是世間而出世間的，是極高明而道中庸的。而在此時期，却走的是完全相反的另一條路子。這時的中國，「玄」是一個流行的字眼(註二)，且亦具有着實質上的意義，什麼是「玄」？說文云：

> 玄，幽遠也。象幽，而人覆之也。黑而有赤色者爲玄。

「黑而有赤色」是「玄」的本義，「幽遠」是本義的引申。到了廣雅，更採用太玄經十太玄圖「夫玄也者，天道也，地道也，人道也」的說法，再引申爲：

玄，道也。

一切字書，不僅說明一字的本義和它的引申義，也顯示此字在作者時代的特有意義。張揖以「玄」爲道，雖說是承太玄而來，也可以看出漢魏之交，人所視爲「玄」的意義爲何。「玄」是道，是天道、地道、人道。而道，韓非子解老篇說得好，「道者，萬物之所然也，萬理之所稽也。理者，成物之文也。道者，萬物之所以成也。故曰：道，理之者也。」當我們理解到「玄」的意義時，才能夠認淸這門學問到底是講的什麼。它追求萬物之所然，追求萬理之所稽。它所講求的，只是天之道、地之道、人之道，而不是天、地、人。道，理之者也，而玄，也因之只論其「理」而不必明其「事」，現實的一切，對它說來都是毫無意義的。玄，可說是眞正超越人倫日用的，是極高明的，自然也是出世間的。

「玄」所涵蘊者如此，至於它在當時現實環境中表現的形式，則包括以下三種(註三)：

一、書：如易、老、莊。

二、注：如易注、老注、莊注。

三、論：如才性四本、聲無哀樂。

書、注、論，構成「玄」的全部內容。說它單純，確是單純；說它複雜，却也複雜，端視我們從那一方面去看它。

易、老、莊三書，由於它們皆具有足夠發人深省，復待闡發的有關天道、地道、和人道問題的存在，內容的豐富，可以供給各方面所需要的題材。注，自然是以注此三書爲主；論，雖不見得全從此中出，要有不少是和它們相關的，因爲從這些書中任何一點發揮，都可以擴大推演下去，成爲一專論，像周易的互體、老氏的無名、和莊子的逍遙。

雖說易、老、莊三書是「玄」的基本成份，實際扮演眞正「玄」的主角的，是論、注。也唯有論、注，才能顯示當時人的哲學意趣和造詣。

文心雕龍四論說篇云：

論也者，彌綸羣言，而研精一理者也。⋯原夫論之爲體，所以辨正然否，窮于有數，追于無形，迹堅求通，鉤深取極；乃百慮之筌蹄，萬事之權衡也。故其義貴圓通，辭忌枝碎；必使心與理合，彌縫不見其隙；辭共心密，敵人不知所乘，斯其要也。

「玄」既然是一門討論天道、地道、和人道的學問，而我們也曾經談到過，道就是萬物之所然，萬理之所稽，當然不能忘記所以「理之者」的「理」，文心雕龍以「論」是「研精一理」，正說明「論」的特點。而此理，不僅在於明我，也在示人，使別人無法破我，而進一步能接受我之理。這也是

「論」所以在「玄」中能占有重要地位的緣故。論的目的，是研精一理，而注呢？彥和又接着說：

若夫注釋爲詞，解散論體，雜文雖異，總會是同。

「注」雖然是龐雜一些，也不過是將「論」拆散，依文釋之，不要以爲它參差離析，不如論的專精，可是範圍更大，可以求得更多的理。它的精神是一貫的，思想是完整的。也由於論、注同在求理，同在求理的能成立，所以說「雜文雖異，總會是同」。談到這裏，好像把「注」說得離題太遠了，依劉彥和氏的看法：

詳觀論體，條流多品。……釋經則與傳注參體，……傳者轉師，注者主解，……八名區分，一揆宗師。

劉氏認爲傳、注不過是從論體中引出，而蔚爲大國者，傳和注也根本不是一事，「傳者轉師，注者主解」。再看一下正統經師們的說法，孔穎達禮記正義一曲禮正義云：

注者，卽解書之名，但釋義之人，多稱爲傳。謂傳述爲義，或親承聖旨，或師儒相傳，故云傳。今謂之注者，謙也，不敢傳授，直注已意而已。若然，則傳之與注，各出已情。皇氏以爲自漢以後爲注，然王肅在鄭之後，何以亦謂之傳，其義非也。

則孔氏不認爲傳，注爲兩事，只不過是一事的兩稱。稱注乃是自謙，可是既說「傳謂傳述爲義，或親承聖旨，或師儒相傳」，自當與「直注已意」、「各出已情」之注不同，難以自圓其說。又賈公彥於周禮注疏一天官冢宰疏云：

注者，於經之下，自注己意，使經義可申，故云注也。孔君、王肅等則言傳。傳者，使可傳述。若然，或云注，或言傳，不同者，立意有異，無義例也。

說法雖同，然用字則聰明多了。「於經之下，自注己意，使經義可申」，不僅是經，且可用以說明其他子書，而注在「玄」中的地位，也顯然可見。

而「玄」的特點，不僅在它講天之道、地之道、人之道，或者包含着書、論、注三方面，也在於它藉「談論」而進行，藉「談論」而建立。一切書、注、論，都不過是談論的題材來源，然而它們由於成文的緣故，具有時間和空間上的優點。在「談論」的過程中，推翻別人的，同時樹立自己的理論。因之，我們可以說，「談論」是「求理」的手段，而「求理」是「談論」的目的。新論、注的產生，和談論的舉行，是互爲因果的。

「玄」和「談論」是分不開的，所以有的人稱這種「談論」爲「談玄」。當然，談玄大有異於日常生活裏的談天說地，想到那裏說到那裏，不負責任的說，必須經過思考，加以組織，使合乎邏輯而不得自相矛盾，非但要推翻別人的理論，且須自立城圍，防人的來攻，「談玄」自然而然地走上「論難」的路子，否則將如劉孔才人物志四材理篇所說：

若說而不難，各陳所見，則莫知所由矣。

「論難」，又名爲「攻難」，從字眼裏，可以看出主客的情勢。在談坐上，你可以自標一理、用幾個字，或百十句，甚至更多的話，來說明你的理，這在談論的術語，稱爲「談端」。而在談論中間，爲了加强論點，可以用古來證今，此卽所謂「談證」，藝文類聚卷十九歐陽建言盡意論亦曰：「世之論者，以爲言不盡意，由未尙矣。至乎通才達識，咸以爲然。若夫蔣公之論眸子，鍾、傅之言才性，莫不引此爲談證」。「談證」固然可以隨方取才，然難在恰切，故嵇叔夜聲無哀樂論曰：「夫推類辨物，當先求之自然之理。理已定，然後借古義以明之耳。今未得之於心，而多恃前言以爲談證，自此以往，恐巧歷不能紀耳。」我們引此條，不是因爲叔夜是而別人非，只是借用來說明「談證」關係談論之重要。而談端旣開，要攻的人就從你的理論中，來尋找空隙難你，自然，你也同樣地可以反駁他，到後來，甚且相互攻難，主客難分了。談論旣要破他立我，且須博古通今，用古證今，自然需要學力，也更需要天才，而人稟賦各異，「聰能聽序，謂之名物之材；思能造端，謂之構架之材；明能見機，謂之達識之材；辭能辯意，謂之贍給之材；捷能攝失，謂之權捷之材；守能待攻，謂之持論之材；攻能奪守，謂之推徹之材；奪能易予，謂之貿說之材」(註四)，因之在談坐上，所表現也各自不同，「剛略之人，不能理微，故其論大體則弘博而高遠，歷纖理則宕往而疏越；抗厲之人，不能廻撓，論法直則括處而公正，說變通則否戾而不入；堅勁之人，好攻其事實，指機理則穎灼而徹盡，涉大道則徑露而單持；辯給之人，辭煩而意銳，推人事則精識而窮理，卽大義則恢愕而不周；浮沉之人，不能沉思，序疏數則豁達而傲博，立事要則爁炎而不定；淺解之人，不能深難，聽辯說則擬鍔而愉悅，審精理則掉轉而無根；寬恕之人，不能速捷，論仁義則弘詳而長雅，趨時務則遲緩而不及；溫柔之人，力不休彊，味道理則順適而和暢，擬疑難則濡懊而不盡；好奇之人，橫逸而求異，造權譎則倜儻而瓌壯，案淸道則詭常而恢迂」（註五）是以「有漫談陳說，似有流行者；有理少多端，似若博意者；有迴說合意，似若讚解者；有處後持長，從衆所安，似能聽斷者；有避難不應，似若有餘，而實不知者；有慕通口解，似悅而不懌者；有因勝情失，窮而稱妙，跌則掎蹠，實求兩解，似理不可屈者」（註六），而談論中，論難技巧畢竟是取得勝負的關鍵，人物志四材理篇云：

　　故善接論者，度所長而論之，歷之不動則不說也，傍無聽達則不難也；不善接論者，說之以雜反，說之以雜反，則不入矣。善喻者，以一言明數事，不善喻者，百言不明一意，百言不明一意，則不聽也。

善難者務釋事本；不善難者舍本而理末，舍本而理末，則辭構矣。善攻彊者下其盛銳，扶其本指以漸攻之；不善攻彊者，引其誤辭，以挫其銳意，挫其銳意，則氣構矣。善躡失者指其所跌；不善躡失者因屈而抵其性，因屈而抵其性，則怨構矣。或常所思求，久乃得之，倉卒諭人，人不速知，則以爲難喻，則忿構矣。夫盛難之時，其誤難迫，故善難者，徵之使還；不善難者，凌而激之，雖欲顧藉，其勢無由，其勢無由，則妄構矣。凡人心有所思，則耳且不能聽，是故並思俱說，競相制止，欲人之聽已，人亦以其方思之故，不了已意，則以爲不解，人情莫不諱不解，諱不解則怒構矣。凡此六構，變之所由興也。

在談坐上，可以遭遇到上面所說的各種情形。因爲談是雙方的，而不是片面的，雖然雙方才智相當，到卒然間也會產生難諭，不解，而造成僵局，談論不能繼續下去了，在這時，亟需一第三者爲之判析，這是談坐中特有的現象，也是緣於事實的需要，然要注意的，這並非是說，在談坐上，特設一人，而只是機緣湊巧，恰有如此一人，恰有如此一參與談坐而具有能力解諭的人，到時爲之排解，世說二文學篇云：

張憑舉孝廉出都，負其才氣，謂必參時彥，欲詣劉尹，鄉里及同舉者共笑之。張遂詣劉，劉洗濯料事，處之下坐，唯通寒暑，神意不接。張欲發無端，頃之，長史、諸賢來清言，客主有不通處，張乃遙於末坐判之，言約旨遠，足暢彼我之懷，一坐皆驚，眞長延之上坐，清言彌日，因留宿至晚。

又注引荀粲別傳曰：

粲太和初到京邑，與傅嘏談。嘏善名理，而粲尚玄遠，宗致雖同，倉卒時或格而不相得意。裴徽通彼我之懷，爲二家釋。頃之，粲與嘏善。

像這種談論，既有主客之勢，自有來往，而一來一往，稱爲「一番」。番數多少，並沒有規定，只看什麼時候，一方不能再繼續下去了，卽結束了這場談論。所得到的理，卽是勝理。世說文學篇云：

何晏爲吏部尙書，有位望。時談客盈坐，王弼未弱冠，往見之。晏聞弼名，因條向者勝理語弼曰：「此理，僕以爲極可，得復難不？」弼便作難，一坐人便以爲屈。於是，弼自爲客主數番，皆一坐所不及。

又曰：

許掾詢年少時，人以比王苟子，許大不平。時諸人士及林法師並在會稽西寺講，王亦在焉，許意甚忿，便往西寺，與王論理，共決優劣，苦相挫折，王遂大屈，許復執王理，王執許理，更相覆疏，王復屈。

又曰：

殷中軍，孫安國，王、謝能言諸賢悉在會稽王許，殷與孫共論易象妙於見形。孫語道合，意氣干雲，一坐咸不安孫理，而辭不能屈。會稽王慨然歎曰：「使眞長來，故應有以制彼。」卽迎眞長，孫意已不如。眞長既至，先令孫自敍本理，孫粗說已語，亦覺絕不及向，劉便作二百許語，辭難簡切，孫理遂屈，一坐同時拊掌而笑，稱美良久。

在這種情形之下，結論只不過是最勝義，而非理源所歸(註七)。從理論上說來，「論難」該是一個最理想的求「理」手段，一切取決於公開的談論，沒有任何「情」能亂「理」，純爲求「理」而求「理」。然而弊病就出在這上面，因爲「論難」雖是一個較好的求「理」手段，却有着先天的缺憾，「道」也好，「理」也好，本來沒有絕對的價值標準，只有着相對的好壞比較。追求理源所歸，歸於何處既不能解決，理源遂成了一個理想的虛名。所能做到的，亦只不過是最勝義的獲致。在初時，人們尙注意於理論的探討，最後，則漸趨於技巧的鍛鍊。卽所講求的，只是在如何方能樹立自己的「理」，防人之來攻，或如何去攻難他人的「理」，以期獲得最後的勝利。致力的既是舊義的細微章節，遂不復再有重要的新義產生。一方面也由於談風初起時，人才輩出，後來人難以再機。在如此情形之下，結局當然是令人失望的。而劉孔才早就從理論上推知，他在人物志四材理篇中卽就說過：

> 夫建事立義，莫不須理而定。及其論難，鮮能定之，夫何故哉？蓋理多品而人異也。夫理多品則難通，人材異則情詭，情詭難通，則理失而事違也。

而「玄」之所以不同於以往的那些學術思想，從前面所討論的，可以知道：

第一、它純粹爲求「理」而求「理」，不與現實的一切發生任何關係。

第二、它透過談論而產生，這種談論的實質是「論難」，論難所得的最終之理，只是最勝義，而非理源所歸。

第三、由於一切爲論難，技巧的受重視，漸次超過內容，結果是不能，也不可能產生偉大的思想。

「玄」與「談」是不可分的。「玄」的擴大，與「談風」的開展，事實上也就是一件事的兩面。純粹就哲學的造詣來看，魏晉思想—「玄」的思想，並不是太了不起的。它的貢獻，是它將中國的思想界，帶到一個新的境界，一個形而上的境界，也帶給中國思想界一個活潑的生機。而談風的重要，雖在它本身，亦在它的精神，和它所造成的影響。

從一切細微的章節裏，可以發掘出這事物的精神所在。也全然由於時間的累積，造成無形的規範，雖不成文法，却共同遵行。由這些，使得我們可以更親切地看到另外一面，不是理論，而是事實的眞貌。

我們所說的談論，不必有形式，隨時隨地，只要有二人以上，相聚而談，卽爲談坐，世說二文學篇云：

裴散騎娶王太尉女，婚後三日，諸婿大會。當時名士、王、裴子弟悉集。郭子玄在坐，挑與裴談。

像這種例子，世說新語中多的是。不拘形式，表現了談坐的通俗性。可是對於「談論」的本身，却抱着極其嚴肅的態度。由於採取論難的方式，「談坐」變成了戰場，在談論的場合中，不僅是比較兩方實力的高低，且看戰術、戰略的運用，來決定最後的勝負。字彙上尤多軍事上的術語，世說言語篇云：

謝胡兒語庾道季：「諸人莫當就卿談，可堅城壘。」庾曰：「若文度來，我以偏師待之；康伯來，濟河焚舟。」

又文學篇云：

又曰：

> 劉眞長與殷淵源談，劉理如小屈，殷曰：「惡卿不欲作將，善雲梯仰攻。」

殷中軍雖思慮通長，然於才性偏精，忽言及四本，便若湯池鐵城，無可攻之勢。

在這種情形下，用言辭取巧，是行不通的，人物志四材理篇云：

> 理勝者，正白黑以廣論，釋微妙而通之。辭勝者，破正理以求異，求異則正失矣。

劉孔才的這一種說法，實代表了魏晉談家們對於談論的整個看法：即「言辭」是必須的，然而「理」更重要。「正白黑以廣論，釋微妙而通之」就是「理」，除「循理」來「說理」外，沒有第二條路子可走。而這裏的「辭」，也不是指論難的技巧言，乃指不必需的贅辭，無理的遊辭，世說二文學篇云：

> 殷中軍嘗至劉尹所，清言良久，殷理小屈，遊辭不已，劉尹不復答。殷去後，乃云：「田舍兒强學人作爾馨語！」

雖以殷浩之偶作遊辭，就被人譏刺爲「强學人作爾馨語」，爲有識人所瞧不起，因爲這是論難中最忌諱的，王符潛夫論釋難篇就曾說過：

> 且吾聞問陰對陽，謂之彊說；論西詰東，謂之彊難。

這種不成文的論難原則，才是維護論難能求得勝理的最重要原因。

然而世界上的完人究竟太少了，各有所長，也各有所短，不能強求，在談坐坐，這種情形尤其顯明，人物志四材理篇云：

必也聰能聽序，思能造端，明能見機，辭能辯意，捷能躡失，守能待攻，攻能奪守，奪能易予，兼此八者，然後乃能通於天下之理，則能通人矣。不能兼有八美，適有一能，則所達者偏，而所有異目矣。

在現實社會中，不要說完人，就是有一能的人也不多見，門第、爵位、財富，到了談坐上，全無用處，因之，談坐之門永遠是開放的，不管是他鄉的無名文士，或是西域的窮酸和尚，只要有興趣、有膽量、有才學的，都可以參與談論之盛會，敬陪末坐，與主人寒喧一陣，遇有機會，甚且可以大展所長，一鳴驚人，像前引世說文學篇中有關張憑舉孝廉出都，因判析客主不通，遂受知於劉尹之事，自然，必有張憑之能，方能大言「必參時彥」。而事實也證明，只要有着談論的一能，不會因出身低微，而稍加輕視的，世說又云：

康僧淵初過江，未有知者，恒周旋市肆，乞索以自營。忽往殷淵源許，值盛有賓客，殷使坐，麤與寒溫，遂及義理，語言辭旨，曾無愧色，領略粗舉，一往參詣，由是知之。

談坐是開放的，且沒有人數的限制，這並不是說，每個參預談坐的人都可以談，誠然，從理論上說來，每個人都有談的資格，可是事實上，除了偶而有第三者爲之解析不通之處外，只是客主兩人之事，世說文學篇云：

殷中軍爲庾公長史，下都，王丞相爲之集，桓公、王長史、王藍田、謝鎭西並在。丞相自起解帳，帶麈尾，語殷曰：「身今日當與君共談析理。」既共清言，遂達三更，丞相與殷共相往反，其餘諸賢，略無所關。……明旦，桓宣武語人曰：「昨夜聽殷、王清言甚佳，仁祖亦不寂寞，我亦時復造心，顧看兩王掾，輒翣如生母狗馨。」

其間並非由於地位的高下，而係實力的相差，或係預先約定的。至於談坐中的其他大多數人，不僅是抱著欣賞的心情，如同書又云：

支道林、許掾諸人共在會稽王齋頭，支爲法師，許爲都講。支通一義，四坐莫不厭心；許送一難，衆人莫不忭舞，但共嗟詠二家之美，不辯其理之所在。

且亦懷著學習的態度，賞譽篇云：

太傅東海王鎭許昌，以王安期爲記室參軍，雅相知重，勑世子毗曰：「夫學之所益者淺，體之所安者深。閑習禮度，不如式瞻儀形；諷味遺言，不如親承音旨。……」

也就是說，談坐變成了當時人受教育的場所，雖僅限於上層階級的子弟，卻並沒有被壟斷。

從三世紀到五世紀，卽當魏晉的兩百年間，談論大盛，成爲風氣。就因爲它不過是一種社會的風氣，正統的史家固不屑於條擧縷析；政治的背景，以及學術上的理由，又往往抹殺了事實的眞相。兩百年也可以算是一個長時期，談論的內容增加、擴大、改變了，不復當年的舊面目，而放浪的行爲，亦由於政治的不穩，社會的不安，發展到了極點，它的過錯，加重了談風的罪孽，而爲人所詬難，事實上，在後來雖有一度的合流，然自正統的談家看來，卻截然是兩途。這一切一切，造成了談風的多彩，但並不影響談風的單純，談論的內容不甚相遠，談論的方式更是大同而小異。因此，要了解談風的眞精神與眞意義，對於前面所講的談論內容與方式，不能不先有一個概略的認識。要了解魏晉的思想，更不能不對產生魏晉思想的背景，和它們之間的相互關係，先作一個概略的認識。

(註一)　馮友蘭新原道頁三。

(註二)　見於魏晉著作的，有所謂玄遠、玄虛、玄化、玄曠、玄教、玄軒、玄言、玄悟、玄通、玄泊、玄默者，並以玄爲稱；葛玄抱朴子內篇更有暢玄一篇，可見當時「玄」之流行。

(註三)　南齊書卷三十三王僧虔傳，有其宋世誡子書，云：「曼倩有云，談何容易。見諸玄，志爲之逸，腸爲之抽。專一書，轉通數十家注，自少至老，手不釋卷，尚未敢輕言。汝開老子卷頭五尺許，未知輔嗣何所道，平叔何所說，馬、鄭何所異，指例何所明，而便盛于麈尾，自呼談士，此最險事。設令袁令命汝言易，謝中書挑汝言莊，張吳興叩汝言老，端可復言未嘗看邪？……且論注百氏、荊州八袠，又才性四本、聲無哀樂，皆言家口實，如客至之有設也。……」所說雖爲宋世，而魏晉「玄」之內涵，常不出其外。

（註四）劉劭人物志材理第四。

（註五）劉劭人物志材理第四。

（註六）劉劭人物志材理第四。

（註七）世說新語文學篇云：「殷中軍爲庾公長史，下都，王丞相爲之集。桓公、王長史、王藍田、謝鎮西並在，丞相自起解帳，帶麈尾，語殷曰：『身今日當與君共談析理。』既共清言，遂達三更，丞相與殷共相往反，其餘諸賢，略無所關。既彼我相盡，丞相乃歎曰：『向來語乃竟，未知理源所歸。至於辭喻不相負，正始之音，正當爾耳。』」此處之「理源所歸」，事實上，亦是一相對的，而非絕對性的。由此更可見別，至少在東晉的談坐中，但求辭喻之不相負，連相對性的理喻所歸，往往都不能得到。

二　漢魏思想之變因

從兩漢一降而為魏晉，不論是學術的思想界，或是現實的人生界，都有着太多的不同。不論是內心的感受，抑或是外在的形貌，也都有着全然的差異。沒有人能漠視其間的變化，後人們努力地尋求其所以如此的原因所在，以期解釋這種突變。然而，變異既是如此地廣泛和深刻，引起變異的原因，也決不是很單純的，它必然經歷了一段時期的醞釀，然後顯現的。我們不可能重建這段歷史發展的過程，唯有將果求因，從現有的材料中，來對這問題，找出一個比較合理的解答。這兒所討論的，也許有的前人已經說過了，也許有的與前人有着或多或少的差異，當然，希望這些努力不是白費的。

在整個事件中，兩漢經學的發展，始終是一個引人注目的焦點，漢書卷五六董仲舒傳曰：

自武帝初立，魏其、武安侯為相，而隆儒矣。及仲舒對冊，推明孔氏，抑黜百家，立學校之官，州郡舉茂材孝廉，皆自仲舒發之。

此為最早記載董仲舒「推明孔氏，抑黜百家」者，亦為後代所共認其事為確切不移者。蓋同傳引仲舒賢良對策，以為「春秋大一統者，天地之常經，古今之通誼也。今師異道，人異論，百家殊方，指意不同。是以上亡以持一統，法制數變，下不知所守」，故主張「諸不在六藝之科，孔子之術者，皆絕其道，勿使並進」，此事之可疑，在史記卷一二一儒林董仲舒傳中，並沒有任何有關此事之記載，儒林列傳序只是說：

及今上卽位，趙綰、王臧之屬明儒學，而上亦鄉之，於是招方正賢良文學之士。自是之後，言詩於魯則申培公，於齊則轅固生，於燕則韓太傅；言尙書自濟南伏生；言禮自魯高堂生；言易自菑川田生；言春秋於齊自胡母生，於趙自董仲舒。及竇太后崩，武安君田蚡爲丞相，黜黃老刑名百家之言，言文學儒者以數百人，而公孫弘以春秋，白衣爲天子三公，封以平津侯，天下之學士靡然鄉風矣。公孫弘爲學官，悼道之鬱滯，廼請曰：「丞相、御史言，制曰：『蓋聞導民以禮，風之以樂，婚姻者，居室之大倫也。今禮廢樂崩，朕甚愍焉，故詳延天下方正博聞之士，咸登諸朝，其令禮官勸學講議，洽聞典禮，以爲天下先。太常議，與博士弟子，崇鄉里之化，以廣賢材焉。』謹與太常臧、博士平等議曰：『聞三代之道，鄉里有敎，夏曰校，殷曰序，周曰庠，其勸善也，顯之朝廷，其懲惡也，加之刑罰，故敎化之行也，建首善，自京師始，由內及外。今陛下昭至德，開大明，配天地，本人倫，勸學修禮，崇化厲賢，以風四方，太平之原也。古者政敎未洽，不備其禮，請因舊官而興焉。為博士置弟子五十人，復其身。太常擇民年十八㠯上，儀狀端正者，補博士弟子，郡國縣道邑有好文學，敬長上，肅政教，順鄉里，出入不悖所聞者，令相長丞上屬所二千石，二千石謹察可者，當與計偕，詣太常，得受業如弟子。一歲皆輒試，能通一藝㠯上，補文學掌故缺，其高第，可以為郎中，太常籍奏，卽有秀才異等，輒以名聞，其不事學者，下材，及不能通一藝，輒罷之，而請諸不稱者。臣謹案：詔書律令下者，明天人分際，通古今之義，文章爾雅，訓辭深厚，恩施甚美，小吏淺聞，不能究宣，亡以明布，諭下治禮，次治掌故，㠯文學禮儀為官遷留滯。請選擇其秩比二千石㠯上，及吏百石通一藝㠯上，補左右內史，大行卒史；比百石㠯下，補郡太守卒史，皆各二人，邊郡一人，先用誦多者，若不足，乃擇掌故，補中二千石屬；文學掌故，補郡屬備員，請著功令，佗如律令。』制曰：『可。』自此㠯來，公卿大夫士吏，斌斌多文學之士矣。

考察傳意，似漢武之重儒學，肇始其端者，為趙綰、王臧；及親政，田蚡為丞相，遂黜黃老刑名百家之言；公孫弘㠯治春秋而任相封侯，並請設博士弟子，漢書卷八六儒林傳引其文，亦同樣地並未提到董仲舒，卽本傳於董氏對策後，但曰：

對旣畢，天子㠯仲舒為江都相，事易王。

又漢書卷六武帝紀：

建元元年……冬十月，詔丞相御史列侯中二千石諸侯相，舉賢良方正直言極諫之士。丞相綰（師古曰：衞綰也）奏所舉賢良或治申商韓非蘇秦張儀之言，亂國政，請皆罷，奏，可。……（元光元年五月詔賢良對策）於是董仲舒、公孫弘等出焉。……

贊曰：漢承百王之弊，高祖撥亂反正，文景務在養民，稽古禮文之事，猶多闕焉。孝武初立，卓然罷黜百家，表章六經，遂疇咨海內，舉其俊茂，與之立功，興太學，修郊祀，改正朔，定曆數，協音律，作詩樂，建封禪，禮百神，紹周後，號令文章，煥焉可述。……

賢良對策，是否在元光元年，後人頗多異說(註一)。就所引述，似亦難以證明「推明孔氏，抑黜百家」為董氏之功，而不為衞綰。錢師賓四以「衞綰為人醇謹無他長，以敦厚見賞於文景兩帝。何以少主初政，突發此驚人之議。且其事不著於綰之本傳，惟於武紀見之。又其年六月，綰即以不任職罷免（據百官公卿表），可知此議發動，實不在綰。蓋是年舉賢良，仲舒預焉。罷申韓云云，其議實發自仲舒。即所謂諸不在六藝之科，孔子之術者皆絕其道，勿使並進也」，並引述諸家之考證，定仲舒對策之年，為建元元年(註二)。若以衞綰事但見於武紀而不見於本傳，又以其年六月，綰即以不任職罷，而疑其倡議為不可信。則仲舒事亦但一見於漢書本傳，而不見於武紀、儒林傳，及史記本傳。且對策後卽爲江都相，事易王，此與卷三六劉向傳所言仲舒坐私爲災異書下吏，復爲太中大夫膠西相說法雖異，亦不必爲假。姑不論「罷黜百家，表章六經」倡始何人，其確立於漢武，當無疑問。自是以後，儒術成爲進身之唯一途階，經學也成爲獨尊的顯學。先秦諸子百家爭鳴的狀態，到此遂有了新的變化。

而經學的本身，亦因設置博士，立於學官，有了家法門戶，如詩有魯（出於申公）、齊（出於轅固）、韓（出於韓嬰）三家；書有歐陽（生）、大夏侯（勝）、小夏侯（建）三家，同出於伏勝；禮有大戴（德）、小戴（聖）二家，同出於高堂生；易有施（讎）、孟（喜）、梁丘（賀）、京（房）四家，同出於田何；春秋則爲公羊傳，有嚴（彭祖）、顏（安樂）二家，同出於胡毋生、董仲舒。有了家法門戶，而後有了章句，用以教授弟子（註三）。然章句之末流，却成爲煩瑣的碎辭，漢書卷八八儒林列傳曰：

張山拊……事小夏侯建爲博士，論石渠，至少府，授同縣李尋、鄭寬中少君、山陽張無故子儒、信都秦恭延君、陳留假倉子驕。……恭增師法至百萬言，爲城陽內史。

師古曰：

言小夏侯本所說之文不多，而秦恭又更增益，故至百萬言也。

御覽卷六百七學部引桓譚新論曰：

秦延君說「曰若稽古」至二萬言。

又文心雕龍論說篇亦曰：

秦延君注堯典十餘萬言。

在如此情形下，所加予學子的，只是在章句中馳逐，迷於支葉，而難識大體，漢書卷三六劉歆傳引歆移書讓太常博士卽說：

往者綴學之士，不思廢絕之闕，苟因陋就寡，分文析字，煩言碎辭，學者罷老且不能究其一藝。信口說而背傳記，是末師而非往古。

同書卷三十藝文志序也說：

古之學者耕且養，三年而通一藝，存其大體，玩經文而已。是故用日少而畜德多，三十而五經立也。後世經傳既已乖離，博學者又不思多聞闕疑之義，而務碎義難逃，便辭巧說，破壞形體。說五字之文，至於二三萬言，後進彌以馳逐。故幼童而守一義，白首而後能言，安其所習，毀所不見，終以自蔽，此學者之大患也。

此所以班孟堅儒林傳贊曰：

> 自武帝立五經博士，開弟子員，設科射策，勸目官祿，訖於元始，百有餘年，傳業者浸盛，支葉蕃滋，一經說至百餘萬言，大師衆至千餘人，蓋祿利之路然也。

御覽卷六百七學部一敍學引風俗通，文義大致相同。

五經之有章句，在既有家法之後，而漢人講經，自始卽出於非純粹儒家之觀點，錢師賓四以爲「漢之經學，自申公魯詩、穀梁而外，惟高堂生傳禮，亦魯學，其他如伏生尙書，如齊、韓詩，如公羊春秋，及諸家言易，大抵皆出齊學，莫勿以陰陽災異推論時事，所謂通經致用是也。漢人通經本以致用，所謂以儒術緣飾吏治，而其議論則率本於陰陽及春秋。陰陽據天意，春秋本人事，一尊天以爭，一引古以爭，非此不足以折服人主而自伸其說，非此亦不足以居高位而自安」(註四)，頗能得之。事實上，不僅爲羣儒首(註五)的董仲舒，在他的春秋繁露一書中，充滿陰陽家的一套。卽他所以繼承的，諸如孔子、孟子，亦莫不有陰陽家的迹象可尋(註六)。孔子說：「鳳鳥不至，河不出圖，吾已矣夫。」(論語子罕)這話有陰陽災祥之說的色彩。孟子說：「天之生民久矣，一治一亂。」(孟子滕文公下)又說「五百年必有王者興」(孟子公孫丑下)，皆有着陰陽家五德終始說的意味，荀子非十二子卽批評子思(註七)、孟軻「按往舊造說，謂之五行」，可見孟子含有陰陽家的思想是很顯然的了。

到了東漢，由於光武尙圖讖，而經師又講圖讖，有如西京經師之講陰陽災異（註八），這全由於利祿之所使然，後漢書卷八九張衡傳引衡上疏曰：

> 立言於前，有德於後，……謂之讖書。讖書始出，蓋知之者寡。……成、哀之後，乃始聞之，……殆必虛僞之徒，以要世取資。

隋書卷三二經籍志亦云：

> 王莽好符命，光武以圖讖興，遂盛行於世。漢世又詔東平王蒼正五經章句，皆命從讖。俗儒趨時，益爲其學。篇卷第目，轉加增廣。言五經者，皆憑讖爲學。

先天的遺存，加上後天的作僞，經學遂成爲一門神秘的、混雜的，又復是煩瑣的學問，除了相互攻訐，爭論不休外，去道日遠，去聖也日遠。

古學的出現，雖然使得經學內部的紛爭愈多也愈烈，然而它在掃除陰陽讖緯，及講求義理，不再拘泥於章句上，是有貢獻的。前引隋書卷三二經籍志，於「言五經者，皆憑讖爲學」後，繼曰：

> 唯孔安國、毛公、王璜、賈逵之徒，獨非之，相承以爲妖妄，亂中庸之典，故因漢魯恭王、河間獻王所得古文，參而考之，以成其義，爲之古學。

「古學」爲對「今學」而言，劉歆於哀帝時，欲將中秘書中古文經典，諸如左氏春秋、毛詩、逸禮、古文尚書立於學官，而後經學開始有了今古文之爭。後漢書卷五十八上桓譚傳曰：

桓譚……博學多通，偏習五經，皆詁訓大義，不爲章句，能文章，尤好古學。數從劉歆揚雄，辯析疑異，……簡易不備威儀，而憙非毀俗儒；由是多見排抵。……是時，帝（光武）方信讖，多以決定嫌疑，又醻賞少薄，天下不時安定，譚復上疏曰：「……今諸巧慧小才使數之人，增益圖書，矯稱讖記，以欺惑貪邪，詿誤人主，焉可不抑遠之哉！臣譚伏聞陛下窮折方士黃白之術，甚爲明矣，而乃欲聽納讖記，又何誤也。其事雖有時合，譬猶卜數隻偶之類，陛下宜垂明聽，發聖意，屏羣小之曲說，述五經之正義，略雷同之俗語，詳通人之雅謀。……」帝省奏，愈不悅。其後有詔會議靈臺所處，帝謂譚曰：「吾欲讖決之如何？」譚默然良久曰：「臣不讀讖。」帝問其故，譚復極言讖之非經，帝大怒曰：「桓譚非聖無法。」將下斬之，譚叩頭流血，良久乃得解，出爲六安郡丞，意忽忽不樂，道病卒。

又同書卷六六鄭興傳曰：

鄭興……少學公羊春秋，晚善左氏傳，遂積精深思，通達其旨，同學者皆師之。……帝（光武）嘗問興郊祀事曰：「吾欲以讖斷之，何如？」興對曰：「臣不爲讖。」帝怒曰：

「卿之不為讖，非之邪？」興惶恐曰：「臣於書有所未學而無所非也。」帝意乃解。……然以不善讖，故不能任。……興好古學，尤明左氏、周官。……世言左氏者多祖興，而賈逵自傳其父業，故有鄭賈之學。

同卷賈逵傳曰：

賈逵……父徽，從劉歆受左氏春秋，兼習國語、周官，又受古文尚書於塗惲，學毛詩於謝曼卿，作左氏條例二十一篇，逵悉傳父業，弱冠能誦左氏傳及五經本文，以大夏侯尚書教授，雖為古學，兼通五家穀梁之說。……肅宗立，降意儒術，特好古文尚書左氏傳。建初元年，詔逵入講北宮白虎觀南宮雲臺，帝善逵說，使出左氏傳大義長於二傳者，逵於是具條奏之曰：「……臣以永平中上言，左氏與圖讖合者，先帝不遺芻蕘，省納臣言，寫其傳詁，藏之秘書。……會令二家先師，不曉圖讖，故令中道而廢。……又五經家，皆無以證圖讖，明劉氏為堯後者，而左氏獨有明文；五經家皆言顓頊代黃帝，而堯不得為火德，左氏以為少昊代黃帝，即圖讖所謂帝宣也。……」書奏，帝嘉之，賜布五百疋，衣一襲。論曰：鄭賈之學，行乎數百年中，遂為諸儒宗，亦徒有以焉爾。桓譚以不善讖流亡，鄭興以遜辭僅免，賈逵能附會文致，最差貴顯，世主以此論學，悲矣哉！

按逵通今古文，傳意似以其講古學而通圖讖，此論所說「附會文致，最差貴顯」，爲利祿之故，實則逵亦不信圖讖，同書卷八十九張衡傳引衡上疏言圖緯虛妄非聖人之法，稱「往者侍中賈逵，擿讖互異三十餘事，諸要讖者，皆不能說」，袁宏後漢紀引華嶠書，郎顗論曰：「光武信讖書，鄭興以忤意見疏，桓譚以遠斥憂死。及明章二帝，祖述此意，故後世爭爲圖緯之學以矯世取資。是以通儒賈逵、馬融、張衡、朱穆、崔實、荀爽之徒，忿其若此，皆以爲虛妄不經，宜悉收藏。」皆可爲明證。又後漢書卷九十二荀淑傳曰：

荀淑……少有高行，博學而不好章句，多爲俗儒所非。

同卷韓韶傳曰：

子融，字元長，少能辨理，而不爲章句學。

卷九十四盧植傳曰：

少與鄭玄俱事馬融，能通古今學，好研精而不守章句。

又卷一百九儒林列傳曰：

尹敏……少爲諸生，初習歐陽尚書，後受古文，兼善毛詩、穀梁、左氏春秋。建武二年，上疏陳洪範消災之術。……帝以敏博通經記，令校圖讖，……敏對曰：「讖書非聖人所作。……」

孔僖……魯國魯人也，自安國以下，世傳古文尚書、毛詩。……二子：長彥、季彥。……長彥好章句學，季彥守其家業。

古文經學家所講求的，是義理，而非章句。他們的反圖讖，也是很顯然的。至於經學中講陰陽五行，古學諸家所作淨化的努力，則感不够，我們也無權要求古文經學家能澈底地做到這些，因爲這不是一時之功，且亦需要一新的環境，和極大的魄力。故對於劉歆尙講五行災異(註九)這一事實，應予以適度的諒解。因爲，卽使是揚雄、王充、尙不能完全擺脫象數符瑞之思想。(註一〇)

就一般而論，古文經學家對於其他諸子之學，似亦較之今文經學家，抱有較寬容的態度，後漢書卷九十馬融傳，稱其「注老子、淮南子」，又融嘗從京兆摯恂學，並妻其女，恂，照集解沈欽韓引皇甫謐高士傳所說，卽「博通百家之言」。古代思想之中，最與術數無關者，爲道家，(註一一)古文經學家不大講術數，非以其必與道家具有若何之關係，然而，古文經學家多有好道家之說的，可能也是事實。或許由於經學本身的不能滿足他們，或許由於表示博學多文，導致他們對諸子之學的探討。他們用批判的眼光，看當時的今文經學，他們不講章句，他們近諸子之學，然就東漢一朝來說，「經學」始終是學術思想的主流，「今文經學」更是「經學」的正統。在一般人看來，章句雖煩瑣，究竟講的是「經」的本身；而不用章句，專講大義，則可能離經背道，所以後漢書卷一百九儒林傳序云：

本初元年，梁太后詔大將軍，下至六百石，悉遣子就學。……自是游學增盛，至三萬餘生。然章句漸疏，而多以浮華相尙，儒者之風蓋衰矣。

浮華者必不講章句，以章句究屬務實之工作。章句疏，浮華尙，儒風衰，其間具因果之必然關係，卽令是范蔚宗（三九八——四四五），也承認其相因而生，故有這種說法。因漢儒講經，不離章句，章句雖不理想，漢儒之精神却在於是，固不能純以後代之眼光來看。而經學的眞正改革，仍須從經學內部做起，章句不一定壞，壞的只是它的末流趨於煩瑣，如能不煩瑣，則章句自也有它可取的地方，經學的改革運動，卽章句的删削，很早就開始了，王充論衡效力篇曰：

王莽之時，省五經章句，皆爲二十萬。

又後漢書卷六十七桓榮傳曰：

桓榮……少學長安，習歐陽尙書，事博士九江朱普。……子郁嗣。

初，榮受朱普學，章句四十萬言，浮辭繁長，多過其實，及榮入授顯宗，減爲二十三萬言，郁復删省，定成十二萬言，由是有桓君大小太常章句。

同書卷一百九儒林伏恭傳曰：

伏恭……司徒湛之兄子也。湛弟黯，字稚文，以明齊詩，改定章句，作解說九篇。……

初，父黯章句繁多，恭乃省減浮辭，定爲二十萬言。

又卷六十二樊儵傳：

初，儵删定公羊嚴氏春秋章句，世號樊侯學。

卷六十六張霸傳曰：

張霸……後就長水校尉樊儵，受嚴氏公羊春秋。……初，霸以樊儵删嚴氏春秋，猶多繁辭，乃減定爲二十萬言，更名張氏學。

從前引可見到，諸家初浮辭雖多有省減，猶在一二十萬言，且亦只有歐陽尙書、齊詩、嚴氏公羊，未見普及。到了東京末年，始有較佳的成績出現，一以鄭康成爲首，一則爲荆州劉表所倡。後漢書卷三五鄭玄傳云：

鄭玄，字康成，北海高密人也。……玄自游學十餘年，迺歸鄉里。家貧，客耕東萊。（集解：惠棟曰：「三齊略記云：『鄭司農常居南成城南山中敎授，黃巾亂，乃遣生徒，崔琰諸賢于此揮涕而散。』」）……玄質於辭訓，通人頗譏其繁，至於經傳洽熟，稱爲純儒，齊魯閒宗之。其門人，山陽郗慮、東萊王基、清河崔琰，著名於世。……

論曰：自秦焚六經，聖文埃滅。漢興，諸儒頗修藝文。及東京，學者亦各名家。而守文之徒，滯固所稟，異論紛紜，互相詭激，遂令經有數家，家有數說，章句者迺百萬言，學徒勞而少功，後生疑而莫正，鄭玄括囊大典，網羅衆家，刪裁繁誣，刊改漏失，自是學者略知所歸。

康成雖「質於辭訓，通人頗譏其繁」，然就范蔚宗所論看來，較之「章句多者迺百萬言」，仍加了一番「刪裁繁誣」的功夫。而康成敎於東萊，「齊魯閒宗之」，其門弟子更有山陽、清河人，影響所及，當亦以東北半壁爲主。在這同時的荊州，後漢書卷一百四劉表傳曰：

劉表，字景升，山東高平人。……身高八尺餘，姿貌溫偉，與同郡張儉等，俱被訕議，號爲八顧。……及李傕等入長安，冬，表遣使奉貢，傕以表爲鎭南將軍、荊州牧，封成武侯，假節，以爲己援。（建安）三年，長沙太守張羨率零陵、桂陽三郡畔表，表遣兵攻圍，破羨，平之。於是，開土遂廣，南接五嶺，北據漢川，地方數千里，帶甲十餘萬。初，荊州人情好擾，加四方駭震，寇賊相扇，處處糜沸，表招誘有方，威懷兼洽，其姦猾宿賊，更爲效用，萬里肅清，大小咸悅而服之，關西、兗、豫學士歸者，蓋有千數，表安慰賑贍，皆得資全，遂起立學校，博求儒術，綦母闓、宋忠等，撰立五經章句，謂之後定，愛民養士，從容自保。……十三年，曹操自將征表，未至，八月，表疽發背卒，在荊州幾二十年，家無餘積，二子：琦、琮。……及操軍到襄陽，琮舉州請降。

本傳稱景升在荊州「幾二十年」，然安定本土，招來遠人，在建安三年平定張羨以後，而其「起立學校，博求儒術，綦母闓、宋忠等撰立五經章句」，時間上當更遲。我們可以說，在漢獻帝建安三年以後，到十三年間，不足十年中，劉表的荊州，是文治最盛之時。全三國文五六劉鎮南碑曰：

君諱表，字景升，山陽高平人也。……特選拜荊州刺史，初平元年十一月到官。……俄而漢室大亂，禍發，州縣殘破，天下土崩，四海大壞。……卽遷州牧，又遷安南將軍，領州如故。于時諸州，或失土流播，或水潦沒害，人民死喪，百遺二三，而君保完萬里，至于滄海，……卽拜鎭南將軍，錫鼓吹大車，策命褒崇，謂之伯父，置長史、司馬、從事中郎，開府辟召，儀如三公。……武功既亢，廣開雍泮，設俎豆，陳罍彝，親行鄉射，躋彼公堂，篤志好學，吏子弟受祿之徒，蓋以千計，洪生巨儒，朝夕講誨，誾誾如也，雖洙泗之間，學者所集，方之蔑如也。深愍末學遠本離質，乃令諸儒改定五經章句，刪劃浮辭，芟除煩重，贊之者用力少，而探微知機者多。又求遺書，寫還新者，留其故本，于是古典墳集，充滿州閭。……年六十七，建安十三年八月，遘疾殞薨。

此「五經章句」，與前所有之章句有異，因爲它是經過「刪剗浮辭，芟除煩重」了的，魏志六注引英雄記曰：

開立學宮，博求儒士，使綦毋闓、宋忠等撰立五經章句，謂之後定。

是知經綦毋闓、宋忠「改定」後之五經章句，其名爲「後定」，藝文類聚三十八學校條引魏王粲荆州文學記官志曰：

有漢荆州牧曰劉君，稱曰：於先王爲世也，則象天地，軌儀憲極，設教導化，敍經志業，用建雍泮焉，立師保焉。作爲禮樂，以節其性，表陳載籍，以特其德，上知所以臨下，下知所以事上，官不失守，民德無悖，然後太階平焉。夫文學也者，人倫之首，大教之本也。乃命五業從事宋衷，新作文學，延朋徒焉。宣德音以贊之，降嘉禮以勸之，五載之間，道化大行，耆德故老綦毋闓等，負書荷器，自遠而至者，三百有餘人。於是，童幼猛進，武人革面，揔角佩觿，委介免冑，比肩繼踵，川逝泉涌，亹亹如也，兢兢如也。遂訓六經，講禮物，諧八音，協律呂，修紀曆，理刑法，六略咸秩，百氏備矣。天降純嘏，有所底授，臻于我君，受命既茂，南牧是建，荆衡作守，時邁淳德，宣其丕繇，厥繇伊何，四國交阻，乃赫斯威，爰整其旅，虔夷不若，屢戡寇侮，誕啓洪軌，敦崇聖緒，典墳既章，禮樂咸舉，濟濟搢紳，盛茲階宇，祁祁髦俊，亦集爰處，和化普暢，休徵時敍，品物宣育，百穀繁蕪，勳格皇穹，聲被四宇。

荆州牧劉表，本人既是八顧之一，其所用的人，亦多是一時之選：

（一）從事中郎南陽韓嵩：後漢書卷一百四劉表傳集解引先賢行狀曰：「嵩字德高，義陽人，少好學，貧不改操。」

（二）別駕劉先：後漢書卷一百四劉表傳集解引零陵先賢傳曰：「先字始宗，博學強記，尤好黃老，明習漢家典故。」

（三）南郡蒯越：後漢書卷一百四劉表傳集解引傅子曰：「越字異度，魏太祖平荆州，與荀彧書曰：『不喜得荆州，喜得異度耳。』」其才之美可以考見。

（四）襄陽蔡瑁：表後妻蔡氏之弟。

（五）張允：表外甥。

（六）東曹掾傅巽：後漢書卷一百四劉表傳集解引傅子曰：「巽字公悌，瓌瑋博達，有知人鑒識。」

（七）侍中從事鄧義：見後漢書表傳。

（八）五業從事宋忠：忠，一作衷。經典經典序錄曰：「宋衷，字仲子，南陽章陵人，荊州五業從事。」王粲荊州文學記官志稱其作文學以延朋徒，是以知仲子襄贊景升，而主持荊州之教化，改定五經章句。

（九）司馬徽：見三國蜀志卷一二李譔傳。

（十）梁鵠：魏志卷一武紀裴注引衞恆四書勢曰：「鵠字孟黃，安定人，魏宮殿題署，皆鵠書也。」

（十一）王儁：魏志卷一武紀注引皇甫謐逸士傳曰：「汝南王儁字子文，少爲范滂許章所識，與南陽岑晊善。」

當時四方來學的三百有餘人，見於書傳，有名姓可考的，則有以下數人：

（一）綦毋闓：與宋仲子共改定五經章句，荊州文學記官志曰：「耆德故老綦毋闓等負書荷器，自遠而至。」以是知非荊州人，而爲聞風來歸之師儒。諸引改定章句，每以其名置忠上，是於此事，其重要性更過宋忠。

(二)李譔：三國蜀志卷一二李譔傳曰：「譔、文仁，與尹默俱游荊州，從司馬徽、宋忠等學，譔具傳其業。……著古文易、尚書、毛詩、三禮、左氏解、太玄指歸。」

(三)文仁。

(四)尹默。

(五)王肅：魏志卷一三王肅傳稱：「從宋衷讀太玄，而更爲之解。」

(六)王凱。

(七)王粲：魏志卷二八鍾會傳注引何劭王弼傳曰：「漢末暢孫粲，與族兄凱，避地至荊州，依劉表，表以女妻凱，與宋衷均死於魏諷之難。」

至於私淑荊州的，又有以下數人：

(一)虞翻：吳志卷一二虞翻傳注曰：「江東虞翻讀宋氏書，乃著明揚釋宋。」

(二)成奇。

(三)張昭：陸績述玄：「荊州劉表，遣梁國成奇備好江東，奇將玄經自隨，陸幅寫一通，精讀之。後奇復來，宋仲子以其太玄解詁付奇，寄與張昭，陸氏因此得見仲子之書。」

(四)陸績。

而當漢獻帝建安初年，中國本土的經學，伊洛以東，淮漢以北，多主鄭學；而大江以南，遠及江東巴蜀，並從荆州，雖意旨不同，然於章句之簡化，皆具同樣之熱誠，這是對於漢經學的正統──章句之學，所作的最後努力，和最後的掙扎。

然而，章句之學一天不打倒，經學一天得不到解放；經學的權威性一天不打倒，眞正的學術自由空氣一天不能出現。現在正是到「萬事具備，只欠東風」的時候了，而這機會却馬上地到來。因爲，它雖然已到了該「變」的時候，如果沒有外力的影響，要它「變」，仍然是困難的。而逼使這根深蒂固的學術思想主流「變」，且不得不「變」的，第一是董卓所引發的一連串變亂。

東漢末年，朝政不脩，宦者用事，及靈帝之崩，後漢書卷一百二董卓傳曰：「大將軍何進、司隸校尉袁紹，謀誅閹宦，而太后不許，乃私呼卓將兵入朝，以脅太后」，邊兵旣來，燒殺虜奪，事更不可爲，而天下大亂矣，傳又曰：

乃立陳留王，是爲獻帝。……卓遷太尉，領前將軍，加節傳斧鉞虎賁，更封郿侯。……是時洛中貴戚，室第相望，金帛財產，家家殷積，卓縱放兵士，突其廬舍，淫略婦女，剽虜資物，謂之搜牢。人情崩恐，不保朝夕。及何后葬開文陵，卓悉取藏中珍物，又姦亂公主，妻略宮人，虐刑濫罰，睚眦必死，羣僚內外，莫能自固。……又壞五銖錢，更鑄小錢，悉取洛陽及長安銅人鍾虡飛廉銅馬之屬，以充鑄焉。故貨賤物貴，穀石數萬，又錢無輪郭文章，不便人用。……及聞東方兵起，懼，乃鴆殺弘農王。……於是遷天子西都。初，長安遭赤眉之亂，宮室營寺焚滅無餘，是時唯有高廟京兆府舍，遂便時幸焉，後移未央宮。於是盡徙洛陽人數百萬口於長安，步騎驅蹙，更相蹈藉，饑餓寇掠，積尸盈路。卓自屯留畢圭苑中，悉燒宮廟官府居家，二百里內，無復孑遺。又使呂布發諸帝陵，及公卿以下冢墓，收其珍寶。……初，卓以牛輔子壻，素所親信，使以兵屯陝，輔分遣其校尉李傕、郭汜、張濟，將步騎數萬，擊破河南尹朱儁於中牟，因掠陳留、潁川諸縣，殺掠男女，所過無復遺類。……（及董卓死，朱輔見殺）傕等恐，乃先遣使長安，求乞赦免，王允以爲一歲不可再赦，不許之，傕等益懷憂懼，不知所爲，武威人賈詡時在傕軍，說之曰：「聞長安中議，欲盡誅涼州人，諸君若棄軍單行，則一亭長能束君矣。不如相率而西，以攻長安，爲董公報仇。事濟，奉國家以正天下，若其不合，走未後也。」傕等然之。……率軍數千，晨夜西行。……比至長安，已十餘萬，與卓故部曲樊稠、李蒙等合，圍長安城，城峻，不可攻，守之八日，呂布軍有叟兵內反，引傕衆等入，城潰，放兵虜掠，死者萬餘人。……（興平元年）時長安中盜賊不禁，白日虜掠，傕、汜、稠乃參分城內，各備其界，猶不能制，而其子弟縱橫，侵暴百姓，是時穀一斛五十萬，豆麥二十萬，人相食啖，白骨委積，臭穢滿路。……初，帝入關，三輔戶口尚數十萬，自傕、汜相攻，天子東歸後，長安城空四十餘日，强者四散，羸者相食，二三年間，關中無復人跡。建安元年春，諸將爭權，韓暹遂攻董承，承奔張楊，楊乃使承先繕修洛宮，七月，帝還至洛陽，幸楊安殿，張楊以爲己功，故因以楊名殿。（獻帝起居注曰：舊時宮殿悉壞，倉卒之際，拾撫故瓦材木，工匠無法度之制，所作並無足觀也。）……

總計不過十年間，長安城固爲之一空，洛陽據同書卷一百四袁紹傳，建安二年，紹「欲移天子自近，使說（曹）操以許下埤溼，洛陽殘破，宜徙都甄城，以就全實，操拒之」，可以考見建安初年，洛陽已「殘破」難以再用了。范蔚宗董卓傳贊曰：「方夏崩沸，皇京烟埃。」實是的論。董卓等之亂，爲漢文化中心之東京，既壞於兵燹，漢室君臣，被驅遷徙往來，苟息於彊將之下，無復寧日，無暇，更無力於儒學之倡導，甚至連圖書典籍，亦一時喪失殆盡，同書卷一百九儒林列傳序曰：

初，光武遷還洛陽，其經牒秘書載之二千餘兩。自此以後，參倍於前。及董卓移都之際，吏民擾亂，自辟雍東觀蘭臺石室宣明鴻都諸藏典策文章，競共剖散，其縑帛圖書，大則連爲帷蓋，迺制爲幐𢂬。及王允所收而西者，裁七十餘乘，道路艱遠，復棄其半矣。後長安之亂，一時焚蕩，莫不泯盡焉。

主持，推動漢家學術思想主流經學的兩京，既遭受到如此極度的摧殘，而不是暫時性的中斷，此一變化，使天下所共仰的京師，對于地方，不再有控制、拘束，和影響力了。也許，在這十多年中，經師們多有奔於他方的，像荆州、遼東、涼州，和交趾，而獲致保全，然已是極少數了。

而促使學術思想不得不變的第二個原因，是曹操的政策。

繼董卓之後，曹操稟持，而專擅了朝政，「自天子西遷，朝廷日亂，至是宗廟社稷制度始立」（註一二），經過一時期的動蕩後，給漢室帶來了最後的安定局面。這時的中國，雖還不免於分裂，至少吳、蜀，在漢室尚存的一日，名義上是漢室的臣民，不敢冒大不韙而稱尊的。操既爲桓帝世閹宦曹騰養子嵩之子，「少機警，有權數，而任俠放蕩，不治行業」（註一三），他的拔起於羣雄之中，是憑一己之才力，他要的是「得天下」，而非「治天下」，因之，他所需要的，是能幫助他「得天下」的人。他既非如漢光武之出身於太學，又不爲「治天下」而須假藉儒術經學之力，對于東京末年那班有名無實的，有德而無能的，是深恨痛絕的。因爲這些人在如此一個環境中，對他無所補益，從他所下的諸令中，最可看出他之所重：魏志卷一武紀建安八年注引魏書載庚申令曰：

議者或以軍吏雖有功能，德行不足，堪任郡國之選，所謂可與適道，未可與權。管仲曰：「使賢者食於能則上尊，鬬士食於功則卒輕於死，二者設於國則天下治。」未聞無能之人，不鬬之士，並受祿賞，而可以立功興國者也。故明君不官無功之臣，不賞不戰之士。治平尚德行，有事賞功能，論者之言，一似管窺虎歟！

「治平尚德行，有事賞功德」，孟德於此點深有認識。又建安十五年春下令曰：

自古受命及中興之君，曷嘗不得賢人君子，與之共治天下者乎！及其得賢也，曾不出閭巷，豈相遇哉？上之人不求之耳。今天下尚未定，此特求賢之急時也。孟公綽爲趙魏老則優，不可以爲滕薛大夫。若必廉士而後可用，則齊桓其何以霸世？今天下無有被褐懷玉，而釣於渭濱者乎？又得無盜嫂受金，而未遇無知者乎？二三子其佐我明揚仄陋，唯才是舉，吾得而用之。

又魏志卷一武紀建安十九年十二月乙未令曰：

夫有行之士，未必能進取；進取之士，未必能有行也。陳平豈篤行，蘇秦豈守信邪？而陳平定漢業，蘇秦濟弱燕。由此言之，士有偏短，庸可廢乎！有司明思此義，則士無遺滯，官無廢業矣。

又二十二年注引魏書八月令曰：

昔伊摯、傅說出於賤人；管仲，桓公賊也，皆用之以興。蕭何、曹參，縣吏也；韓信、陳平，負汙辱之名，有見笑之恥，卒能成就王業，聲著千載。吳起，貪將，殺妻自信，散金求官，母死不歸，然在魏，秦人不敢東向；在楚，則三晉不敢南謀。今天下得無有至德之人，放在民間；及果勇不顧，臨敵力戰；若文俗之吏，高才異質；或堪爲將守，負汙辱之名，見笑之行，或不仁不孝，而有治國用兵之術，其各舉所知，勿有所遺。

董卓等之亂，毀滅了文化中心的兩京，學術思想正統的儒學，失去了領導，力量雖猛，一時尙沒有能影響到地方，基層大衆還是崇尙儒術和經學的。曹操雖未明白地反對經學，排除儒術，但他嚴格的法治政策，好權術，嚴刑罰，禁誹謗，和不重視經學，輕視儒家所最講求的孝悌節義，已予了事實最好的說明，影響所及，較之董卓之亂，還要深遠得多，顧炎武在他的日知錄兩漢風俗條中說：「孟德既有冀州，崇獎跅弛之士，觀其下令再三，至於求不仁不孝而有治國用兵之術者，於是權詐迭進，姦逆萌生，故董昭太和之疏，已謂當今年少不復以學問爲本，專以交游爲業；國士不以孝悌淸修爲首，乃以趨勢求利爲先。……夫以經術之治，節義之防，光武、明、章數世爲之而未足；毀方敗常，孟德一人變之而有餘。」

數百年來人們的精神依托，而今被曹操破壞了，他却並沒有拿出另外一套來代替它，這是最重要的。在這動亂的時代，使得人們一方面是徬徨，沒有信仰，也無所依賴；另外一方面，却也解脫掉數百年來思想上的鎖鍊和覊絆，人們開始可以盡量地去想，沒有人會來干涉。前此在獨尊儒術政策的陰影下，諸子之學不過是一道暗流，而今得以重見天日。學術思想自由的空氣，不僅帶給人們可以自由思想的權利，也帶給了人們自由思想、盡情思想、和創新思想的信心。

（註一）如漢書武紀載於元光元年，與公孫弘並列；通鑑則據史記武帝即位，爲江都相之文，載於建元元年。

（註二）說見錢師賓四兩漢博士家法考六漢武一朝之崇儒更化，兩漢經學今古文平議頁一七五——六。

（註三）錢師賓四以有章句即有家學，又曰：家法即章句。見兩漢博士家法考十二家法與章句，兩漢經學今古文平議頁二〇〇——一。似謂先有章句，而後始有家法家學，然此亦未嘗不可以解釋爲，有了家法門戶，而後有章句，用以教授弟子。

（註四）錢師賓四兩漢博士家法考十一齊學與魯學，兩漢經學今古文平議頁一九九——二〇〇。

（註五）前漢書卷五十六董仲舒傳贊語。

（註六）馮友蘭新原道頁一一五。

（註七）馮友蘭新原道，引中庸「國家將興，必有禎祥，國家將亡，必有妖孽」之說歸之子思，而證其思想具有陰陽家的色彩，見頁二五。

（註八）錢師賓四兩漢博士家法考一六圖讖與內學，兩漢經學今古文平議頁二二一。

（註九）前漢書卷二七五行志頗引其說，可參看。

（註一〇）馮友蘭中國哲學史頁五八三——四，論揚雄講象數之學，而不脫陰陽家之說，又頁六〇〇——一，言王充亦主符瑞，並可參考。

（註一一）馮友蘭中國哲學史頁五八八。

（註一二）魏志卷一武帝紀。

（註一三）魏志卷一武帝紀。

三　談論之早期發展

學術思想自由的空氣，只是在內容上，使人們有充分發揮的餘地，而魏晉思想的特質，是思想與談論的結合，憑藉談論，以建立、充實、並完成思想。所謂魏晉的談論，既是循着論難的方式，討論天道、地道、和人道的諸般問題，以求取最勝義，就它的歷史來看，這也不過是舊瓶裝新酒，因爲，論難早在東京初期，已被實際地應用了。

說文言部：

直言曰言，論難曰語。

段玉裁氏注云：

大雅毛傳曰：「直言曰言，論難曰語。」論，正義作答。鄭注大司樂曰：「發端曰言，答難曰語。」注襍記曰：「言，言己事；爲人說爲語。」按三注大略相同。下文：語，論也；論，議也；議，語也。則詩傳當從定本集注矣。

而談，亦語也。段注又云：

語者，禦也。如毛說：一人辯論是非謂之語；如鄭說：與人相答問辯難謂之語。

說文之釋「言」、「語」，純用大雅毛傳。而從毛傳、鄭注中，我們可以發現變化的痕跡。他們對「語」字所下的定義，是反映時代的。自直言、論難，到發端、答難，中間也是有段距離的。司馬長卿的難蜀父老，東方曼倩的答客難，誠然如毛說「一人辯論是非」而尙存古義。到了東漢，就產生新的現象，後漢書卷一百九儒林戴憑傳：

> 正旦朝賀，百僚畢會，帝令羣臣能說經者更相難詰，義有不通，輒奪其席以益通者，憑遂重五十餘席。

時光武在位，提倡儒術，「與人相答問辯難」的方式，也正式應用到討論經學來。到肅宗建初四年（西紀七九年），遂有白虎觀講論五經同異的事，同卷李育傳：

> （建初）四年，詔與諸儒論五經於白虎觀，育以公羊義難賈逵，往返皆有理證，最爲通儒。

卷六十六賈逵傳稱逵有「論難百餘萬言」，當爲此種經義探討之文字紀錄。按其先雖有魏應者，「肅宗甚重之，數進見，論難於前，特受賞賜」，然而史事不明，難以作進一步之考察。而李育、賈逵等乃自立宗義，往返論難，出之以理證，實具後日論難的規模，較光武時戴憑輩的難詰，自大有改進。北堂書鈔卷九十六談講十三引東觀漢記云：

楊政，字子行，治梁丘易，與京兆祁聖元同好，俱名善說經書，京師號曰：「說經硜硜（御覽六一五引作「鏗鏗」）楊子行，論難幡幡（御覽引作「僠僠」）祁聖元。」

這也是論難但用於經義討論的另一個例證。

稍後又產生了一股新的潮流，新的談論潮流，它是與論難全然不同的，也是全然沒有干連的，另外一種型式的談論。後漢書卷九十八郭太傳曰：

謝甄，字子微，汝南召陵人也。與陳留邊讓，並善談論，俱有盛名。每共候林宗，未嘗不連日達夜。

而郭林宗也是一位善談論，美音制的人。又同卷符融傳：

符融，字偉明，陳留浚儀人也。……後游太學，師事少府李膺。膺夙性高簡，每見融，輒絕它賓客，聽其言論。融幅巾奮褏，談辭如雲，膺每捧首歎息。

注曰：

如雲者，奔踊而出也。

這都是當時人所豔稱的，皆憑着善談論，獲得了極大的聲譽。

文選卷四十一孔文舉論盛孝章書云：

今孝章實丈夫之雄也，天下談士，依以揚聲。

注引虞預會稽典錄曰：

盛憲，字孝章，器量雅偉。舉孝廉，補尚書郎，遷吳都太守，以疾去官。孫策平定吳會，誅其英豪，憲素有名，策深忌之。初，憲與少府孔融善，憂其不免禍，乃與曹公書，由是徵爲都尉，詔命未至，果爲權所害。

從會稽典錄，除知道孝章「素有名」之外，得不到別的什麼印象，而融書卻指稱「天下談士，依以揚聲」，「依以揚聲」，似有賞譽(註二)之意味，而「天下談士」，亦即指世之「善談論」之士，如同謝甄、邊讓、郭太等，既謂天下談士，其人當也不在少數了。

這時，「並善談論」的謝、邊、郭等人，他們的談論內容固然難以知曉，然可以從別的地方旁推側擊，魏志卷一武紀注引張璠漢紀載鄭泰說（董）卓云：

孔公緒能清談高論，噓枯吹生。

清談、高論，相對成文。清，高也；談，論也。後漢書卷一百鄭太傳同，李賢注「噓枯吹生」曰：「枯者，噓之使生；生者，吹之使枯，言談論有所抑揚也。」談論有所抑揚，如天下談士之於盛孝章，「依以揚聲」。按方言：「吹，扇助也。」注曰：「吹噓扇佛，相佐助也。」可資爲證。

又隋書卷五十七盧思道傳：「翦拂吹噓，長其光價。」是世並以稱揚闡說爲吹噓，此與抑揚之義雖或非全然相合，其專務臧否人物是沒有疑問的了。(註二)而孔公緒「淸談高論」的內容，當然就是抑揚人物。三國魏志卷七臧洪傳云：

前刺史焦和，好立虛譽，能淸談。

注引九州春秋，論靑州刺史焦和曰：

是時，英雄並起，黃巾寇暴。和務及同盟，俱入京畿，不暇爲民保障，引軍踰河而西。未久，而袁、曹二公，與卓將戰於滎陽，敗績，黃巾遂廣屠裂城邑，和不能禦，然軍器尙利，戰士尙衆，而耳目偵邏不設，恐動之言妄至，望寇奔走，未嘗接風塵，交旗鼓也。欲作陷冰丸沉河，令賊不得渡，禱祈羣神，求用兵必利。蓍筮常陳於前，巫祝不去於側，入見其淸談干雲，出則混亂，命不可知，州遂蕭條，悉爲丘墟矣。

由上下文以推「淸談干雲」，似仍難以得其意，後漢紀卷二六所引略同，曰：

入見其淸談干霄，出觀其政，賞罰靖亂（按：當作「混亂」），州遂蕭條，悉爲丘墟。

比附兩條來看，焦和似爲一徒好高論，而實際上，則賞罰混亂——戰士不賞，望寇奔走者不罰，與「淸談干雲」所談，正好相反。又魏時，應璩與侍郎曹長思書，文選卷四十二引之曰：

璩白：足下去後甚相思，想叔田有無人之歌，闉闍有匪存之思，風人之作，豈虛也哉！王肅以宿德顯授，何曾以後進見拔，皆鷹揚虎視，有萬里之望，薄援助者不能追，參於高妙，復斂翼於故枝，塊然獨處，有離羣之志。汲黯樂在郎署，何武恥爲宰相，千載揆之，知其有由也。德非陳平，門無結駟之跡；學非揚雄，堂無好事之客；才劣仲舒，無下帷之思；家貧孟公，無置酒之樂。悲風起於閨闥，紅塵蔽於機榻，幸有袁生，時步玉趾，樵蘇不爨，清談而已，有似周黨之過閔子。……

若就「悲風起於閨闥，紅塵蔽於機榻，幸有袁生，時步玉趾，樵蘇不爨，清談而已」觀之，則眞唯美派之談，此所以盡錄原文之故，以其終篇所言，唯前人進退行事之跡，亦所以品其得失，用古觀今，同於議論品評抑揚人物之高下，而此卽爲應璩、袁生「清談不已」之清談內容。

又魏志卷一三鍾繇傳注引魏略云：

孫權稱臣，斬送關羽，太子書報繇。繇答書曰：「臣同郡故司空荀爽言：『人當道情，愛我者一何可愛，憎我者一何可憎。』顧念孫權，了更嫵媚。」太子又書曰：「得報知喜南方，至於荀公之清談，孫權之嫵媚，執書嗢噱，不能離手。若權復黠，當折以汝南許劭月旦之評。權優遊二國，俯仰荀、許，亦已足矣。」

按魏文之書所云「荀公之清談」，當卽指繇引爽說「人當道情，愛我者一何可愛，憎我者一何可憎」而言，此所以評人之情，而荀、許並稱之故。然既以愛憎，自不當月旦之評，三國蜀志卷八許靖傳有云：

靖雖年踰七十，愛樂人物，誘納後進，清談不倦。

靖，劭從兄，本傳云：「靖少與從弟劭俱知名，並有人倫臧否之稱」，足證「清談」自爲人倫臧否之談，故其言「愛樂人物，誘納後進」，設無當於此，何必相連成文。以品評人物而言，或以情，或以理，然皆可謂之「清談」。事物因約定俗成而有「名」，不在於有理沒有理，合理不合理。當事情過去了，後人也許可以任意加它一「名」，以便於稱呼，然當注意的，如事實上有同一名稱存在且異義時，這一「名」的應用，就需要重新考慮了。或者此「名」經過了一段時間而含義有所改變，使用時亦需極其謹愼。「清談」可說是這樣的一個很好例子，因爲在「清談」一名初起時，雖可能非純指月旦臧否而言，仍與評論人物有關，至少許靖傳中所說之「清談」，已與「清議」不異，而此並非用來稱呼「談玄」，甚至用來稱呼，用來泛稱一切虛玄不合時宜之談，(註三)這在近人多已有注意到的。(註四)

「清談」具有品評人物之內涵，而非如後世所謂之玄談，例證可自漢末以至梁，(註五)此處僅就漢魏間見於記載的作一描敍，而這一時期之「清談」，本身走上「美音制」的路子。像郭林宗，其時雖尙沒有「清談」之名，他的「善談論」，談論的內容，固在於人倫鑒識，後漢書卷九十八郭太傳云：

或有譏林宗不絕惡人者，對曰：「人而不仁，疾之以甚，亂也。」

又載林宗之言曰：

賈子厚（賈淑）誠實凶德，然洗心向善。仲尼不逆互鄉，故吾許其進也。

世說德行篇云：

郭林宗至汝南，造袁奉高，車不停軌，鸞不輟軛；詣黃叔度，乃彌日信宿。人問其故，林宗曰：「叔度汪汪，如萬頃之波，澄之不淸，擾之不濁，其器深廣難測也。」

注引泰別傳曰：

薛恭祖問之，泰曰：「奉高之器，譬諸氾濫，雖淸易挹耳。」

續談助卷四殷芸小說引許劭別傳則對之作了個結論：

自漢以來，其狀人取士，援引扶持，進導招致，則有郭林宗。

像林宗之以譬喻狀人，不僅文辭佳妙，根據本傳所說，音制當也特美，它所給予人的印象，自然也就特別深刻，而易於為人所傳播了。

在某些事理的討論上，論難的方式是必須的，然而在趣味的保持上，以期獲得更多的羣衆上來看，美音制，是更為有效的。辭清語妙的談論，雖談的是人物，而談論的本身，卽為顯示其人才能之一種。在重視才能學識的漢魏之交，不僅看重「學」，更看重「識」；不僅看重「才」，更看重「能」。我們可以這樣地講，美音制的談論，與乎論難的合流，是一個必然的發展趨勢。而說經，則因經學失去了它本身在學術思想中獨占的地位，也漸次轉而為說理，如此一來，更可以表現其人之學識。

劉劭的人物志，卽是如此背景下的一個產物。劭「字孔才，廣平邯鄲人也。建安中為計吏，詣許，……拜太子舍人，遷秘書郎。黃初中，為尚書郎，散騎常侍，受詔集五經羣書，以類相從，作皇覽。明帝卽位，出為陳留太守，……徵拜騎都尉，與議郎庾嶷、荀詵等定科令，作新律十八篇，遷散騎常侍。……時詔書博求衆賢，散騎侍郎夏侯惠薦劭曰：『伏見常侍劉劭，深忠篤思，體周於數，凡所錯綜，源流弘遠，是以羣才大小，咸取所同而斟酌焉。故性實之士，服其平和良正；清靜之人，慕其玄虛退讓；文學之士，嘉其推步詳密；法理之士，明其分數精比；意思之士，知其沈深篤固；文章之士，愛其著論屬辭；制度之士，貴其化略較要；策謀之士，贊其明思通微。凡此諸論，皆取適己所長，而舉其支流者也。臣數聽其清談，覽其篤論，漸漬歷年，服膺彌久。……』景初中，受詔作都官考課，……事成未上，會明帝崩，不施行。正始中，執經講學，爵關內侯。凡所撰述，法論、人物志之類百餘篇」。從魏志卷二一本傳中，可以考見其學實兼乎儒、道、名、法諸家。他在人物志自序裡，首言「聖賢之所美，莫美乎聰明；聰明之所貴，莫貴乎知人」，而「人物之本，出乎情性。情性之理，甚微而玄」，(註六)故曰：「人物精微，能神而明，其道甚難。」(註七)遂由辨析人之質性形色入手，提示鑒別人材之方。(註八)其書篇章十二，八觀第九曰：

夫人厚貌深情，將欲求之，必觀其辭旨，察其應贊。夫觀其辭旨，猶聽音之善醜；察其應贊，猶視智之能否也。故觀辭察應，足以互相別識。

强調辭旨應贊之重要。又第四曰材理，於論難以求理，有極精闢之說，此於前固已多所引列，可不贅言。而其所以於觀人之法中，特標論辯，以爲「建事立義，莫不須理而定」，雖「理多品而人異」，致「談而定理者眇」，然就求理而言，談尙屬唯一可取之道，而這也就是談的好處，可以「互相別識」。

人物志顯示在談論中，音之善醜，與智之能否，卽辭旨應贊，已經被認爲同等地重要，而論雖美音制之合流，由是完成其理論之建設工作。

新的談論方式，可以看出一人在辭旨應贊方面的才能，成為人物評論上的一標準；而同時可以達到求理的目的。然須注意的，是孔才所謂之「理」，有加以修正的必要。材理第四曰：「若夫天地氣化，盈虛損益，道之理也；法制正事，事之理也；禮教宜適，義之理也；人情樞機，情之理也。」又曰：「四理不同，其於才也，須明而章。明待質而行，是故質於理合，合而有明；明足見理，理足成家。是故質性平淡，思心玄微，能通自然，道理之家也。質性警徹，權略機捷，能理煩速，事理之家也。質性和平，能論禮教，辯其得失，義理之家也。質性機解，推情原意，能適其變，情理之家也。」四理異，而所以名家者亦自不同。就後來的發展看來，魏晉談論中所說的理，是與孔才所說的有點差別。不論是「道」、「事」、「義」、「情」，魏晉人皆有所涉及，而涉及的，亦是「道之理」、「事之理」、「義之理」、「情之理」，這是對的，然而魏晉人所講的「道之理」，不是「天地氣化，盈虛損益」；「事之理」，不是「法制正事」；「義之理」，不是「禮教宜適」；「情之理」，不是「人情樞機」。因為孔才所說，還是現實世界，還是停留在現實世界的境界中；而魏晉談論諸家，則更進一層，就「道」、「事」、「義」、「情」之本然之理，作純「理」之探討，不落於「實」際。推究所以如此的原因，可說是在漢魏之交，甚至於在魏晉兩朝的社會，普遍重視人的「才」「能」「學」「識」，重「能」更重於「才」，重「識」也更重於「學」。人物志八觀第九也說：「學不及材，材不及理，理不及智，智不及道」。唯其從絕對的「道」、「理」中，才最能見出一人的識見高低。我們也無庸諱言，為了一己身家安全，能如漢末司馬德操的不與世務，（註九）也是個好的辦法。遂而撇開現實不談，專就事物本然之理上着眼了。

魏始建國的一些年代裏，在曹孟德嚴刑罰、禁誹謗、循名責實，嚴格的法治政策下，雖不必盡如晉書卷四十七傅玄傳載玄舉清遠疏所說：「近者魏武好法術，而天下貴刑名。」至少，京師首要之區，深受其影響。值得注意的，是文心雕龍四論說篇云：「魏之初霸，術兼名法，傅嘏、王粲，校練名理。」提出了「名理」一辭，並且，從這段話裏，我們所得到的印象，有以下三點：

一、名理與名法，具有某種程度之關係。

二、名理本身為一帶有技術性之才能，故可「校練」。

三、傅嘏、王粲，為魏初校練名理之代表人物。

然魏志卷二一王粲傳曰：

王粲，字仲宣，山陽高平人也。曾祖父龔，祖父暢，皆為漢三公。父謙，為大將軍何進長史。……獻帝西遷，粲徙長安，左中郎將蔡邕見而奇之。……乃之荊州依劉表，表以粲貌寢而體弱通俗，不甚重也。表卒，粲勸表子琮令歸太祖，太祖辟爲丞相掾，賜爵關內侯。……後遷軍謀祭酒，魏國既建，拜侍中。博物多識，問無不對。時舊儀廢弛，興造制度，粲恆典之。……性善筭，作筭術，略盡其理。善屬文，擧筆便成，無所改定，時人常以爲宿構，然正復精意覃思，亦不能加也。著詩賦論議垂六十篇。……（建安）二十二年道病卒，時年四十一。

從本傳，實難探知其「校練名理」之消息。仲宣出身儒門，又爲劉景升撰荊州文學記官志，然本集引其儒吏論曰：

士同風於朝，農同業於野，雖官職務殊，地氣異宜，然其致功成利，未有相害而不通者也。至乎末世，則不然矣。執法之吏，不闚先王之典；搢紳之儒，不通律令之要。彼刀筆之吏，豈生而察刻哉？起於几案之下，長於官曹之間，無溫裕文雅以自潤，雖欲無察刻，弗能得矣。竹帛之儒，豈生而迂緩也？起於講堂之上，遊於鄉校之中，無嚴猛斷割以自裁，雖欲不迂緩，弗能得矣。先王見其如此也，是以博陳其教，輔和民性，達其所壅，祛其所蔽，吏服雅訓，儒通文法，故能寬猛相濟，剛柔自克也。

又儒吏論略曰：

言者八歲入小學，六甲五方書計之事。十五入大學，學君臣朝廷王事之紀，則文法典藝，其存於此矣。

是其摻合文法於儒說，殆受孟德之影響。至傅嘏之「校練名理」，亦見於他處，魏書卷十荀彧傳注引何劭荀粲別傳曰：「嘏善名理。」又卷二十一本傳云：

嘏常論才性同異，鍾會集而論之。

注引傅子曰：

嘏既達治好正，而有淸理識要，好論才性，原本精微，尠能及之。司隸校尉鍾會年甚少，嘏以明智交會。

傅嘏「校練名理」，「善名理」，又「好論才性」，「常論才性同異」。現今所急需解決的，是何謂名理？又才性問題是否屬於名理之範疇？

「名理」，最早見於王符潛夫論考績篇：

有號則必稱于典，名理者必效于實，則官無廢職，位無非人。

又意林引物理論曰：

國典之墮，猶（由）位喪也。位之不建，名理廢也。

這兩段引文，似乎說的是一件事，它們所指的「名理」，此「理」字，當用禮樂記注：「理，分也」，來解釋，「名理」者，名分也，如此，義始可通。然而，就因為如此一來，可以看出這裏所說的「名理」，顯非魏晉以後流行的所謂「名理」。因之，據此兩條以闡釋「名理」的，像湯錫予、唐長孺二氏，他們的說法自難以成立了。湯氏云：

漢魏名家亦曰形名家，其所談論者為名理。王符潛夫論曰：「有號則必稱于典，名理者必效于實，則官無廢職，位無廢人。」此謂典制有號，相稱，則官無廢職；人物有名，見效，則位無廢人。然則名理乃甄察人物之理也。傅玄曰：「國典之墮，猶位喪也；位之不建，名理廢也。」（註一〇）據此，則設位建官亦謂之名理。荀粲善談名理，據世說注，似其所善談者才性之善也，此皆名理一辭之舊義。後人于魏晉玄學家均謂長于名理，失其原義矣。（註一一）

以「名理」為漢魏名家所談論有關甄察人物之理，及設官建位之事。唐長孺氏與湯氏犯的是同一錯誤，他說：

從研究名實出發的學問即是名理學。名理家大抵以名辯方法考察名與實的關係，作為推行正名與循名核實政治的張本。名理也卽是上述刑名或形名之學，他們的目標具體一點來說，卽是企圖在原則上決定選擧和人與職位配合的標準。潛夫論考績篇稱：「是故有號者必稱典，名理者必效于實，則官無廢職，位無非人。」意林引物理論：「國典之墮，猶（由）位喪也。位之不建，名理廢也。」就是說要使人才與職位配合，必須要研究名理，使與實相符。所以名理學是一種政治理論，希望求得名之理，以達到「官無廢職，位無非人」。(註一二)

唐師君毅則以「名理」爲「魏晉時流行的名詞」。他認爲「近人章太炎亦統稱魏晉談理之文爲名理之文，而魏晉人之清談與玄學，亦或稱之爲談名理之學」(註一三)是可以的，因爲「名理之廣義，似可泛指一切辨名推理之論，故有以名理之名當西方所謂哲學者」，(註一四)這與馮芝生氏的說法相近，馮氏云：

魏晉人的思想，也是從名家出發底。所以他們於談玄時所談之理，謂之名理。（世說新語文學篇謂：王（長史）敍致作數百語，自謂是名理奇藻。又注引謝玄別傳云：「玄能清言，善名理。」）「善名理」，就是「能辯（疑當作辨）名析理。」（向郭莊子天下篇注）……就是專就名而分析理，不管實際，不管事實。(註一五)

至於魏晉名理的歷史淵源，唐師謂「實際上是由漢末品評人物之風下來，亦與漢魏政治思想上，重核名實之刑名之論相關」(註一六)；則與湯、唐二氏相同，似爲一可以承認之普遍說法。但在解釋「名理」一辭的本義時，則因角度的不同，而頗有差異。雖然，諸家皆以爲對于這一時期的「名理」，有了一個完美的解釋，和完全的認識。在唐師看來，當時人所講的理，可以將它分爲「物理」與「名理」兩類，他並予以對照的分析和解釋說：

(一)如人所講是物理，則其所說的話中，必至少包含一個或數個名詞，這些名詞，最初是由直接指一感覺所接之具體之物而獲得意義的。我們亦可由一聞這些名詞，便去想一我們所曾感覺的具體事物，或求去感覺其所指之具體之物。而除了這些名詞以外，此外一切的話，都是直接和間接要說明此感覺所接之具體事物的。如此，他所講的，便總可說是物理。但是，如果人所講的話中，所提到的具體之物，皆是作爲譬喻或例證用，而此外的名言，皆不指可感覺的具體之物；而須我們對此名言之意，作一番反省，而後能知其所表之理者；則他所講的是名理。

(二)物理都是屬於具體之物。故是有實作用的，如輪是圓，其圓有轉動之實作用。水有下流之理，其下流可推船下駛。而名理之論所論之理，是无實作用的。如說天地萬物是有，是无，是變，是无所待而獨化，物各自生而无所出，是天然，自有，自然時。此有此无是變，此獨化此天然自然，只是天地萬物之共理。此共理本身並无實作用。因其不屬於任何具體之物。物理有實作用，故人於物如多知一理，則人可多產生一事。名理無實作用，則人多知一理，並不必多產生一事。人知水下流，又知水性溼，人可以在行船外，再以水潤物。人只知水是變，是有，是自然，是獨化，並不能使人多產生一實際之事，而只使多一意，此意可使人心境有一開闢而已。(註一七)

唐師並「進而從名理物理之別，爲名理定一狹義的，嚴格的界說。卽名理之論是一種關於理之同異之理，或論我們之一意中有無另一意之理。名理之論，必須以辨理意之相同異，相有無之關係爲主，而不以辨物之時空，數量，物之因果關係實體屬性關係爲主。唯如此，乃可嚴格的別於物理之論」。(註一八)

牟宗三氏接着對此一「名理」，作更進一步的推闡，他創出「才性名理」與「玄學名理」二詞，他說：

魏晉名理，雖若蜻蜓點水，頭緒繁多，觸處機來，時有明悟，然大要言之，不過兩類：一爲才性，一爲玄學。才性名理是中國所獨有。與先秦人性論爲並行之兩支，構成中國全幅人性之學問。一如道德的，一爲品鑒的。前者的孟學系統爲主，後者以「人物志」爲代表。至者「玄學」名理，則由通道而引生。淸言所及，大要不出此兩範圍。(註一九)

他又說：

「名理」一詞乃概括之通稱，而才性與玄理則是指謂之殊目。魏初一段談才性者名爲談名理，只是該一段歷史只有才性，尙無玄論。及至老莊易之玄論出，直接指謂名之，曰玄遠、玄言、玄理、玄論。反省地以通稱概括之，亦得曰名理、思理、理義、義言。是則名理一詞乃提升而爲通稱。(註二〇)

牟氏繼續發揮他的這一套關於魏晉名理之理論：

吾人可說：

一、先秦名家之形名、名實，除其政治禮法上之作用外，有其本質之意義。其意義相當於今日之邏輯與知識論。

二、魏晉名理亦有本質之意義，其意義相當於今日之哲學。其中談玄理者爲形上學（以老莊爲底子）。談才性者，爲「品鑒之人學」。

如果依照魏晉人使用「名理」一詞之意義，則名理、理義、思理、義言，甚至只簡單曰理，此皆可通用。如此，則名理一詞，更可提升，而爲廣泛的使用。因之，先秦形名、名實、與魏晉名理，吾人俱可賅之以名理。此即爲「廣義之名理」。此廣義之名理相當於通稱之哲學，卽廣義之哲學，此爲中國傳統中所使用之「名理」。此廣義之名理，其本質意義可規定如下，卽：「名理者，環繞名之本身、名所牽涉、以及名與其所牽涉者之關係而論其意義之謂。」卽：關於名之本身，名之所涉（限定之實與超限定之實），以及名與其所名者之關係之理也。如此界定，則名理卽是廣義之哲學。邏輯、知識論、形上學、人學，俱含在內。

如依照西方傳統使用「名理」一詞之意義，則「名理」意指爲邏輯。如此，先秦名家之形名學較近之。如只以此爲名理，則爲狹義之名理。單說先秦名家，亦爲狹義之名理。連屬魏晉一起說，則爲廣義之名理。前者依西方傳統說，後者依中國傳統說。(註二一)

這是近人討論魏晉名理最重要的幾家，特別是唐君毅，牟宗三二氏，用力最深，尤見特出。但試將諸家之說置于魏晉，甚至南北朝隋唐有關名理的記載中時，往往有困難，如文心雕龍論說篇，言傅嘏、王粲「校練名理」，魏志鍾會傳，言會「博學精鍊名理」，世說言語篇，言裴僕射「善談名理」，注引冀州記，亦言頠「善言名理」，文學篇注引鄧粲晉紀，言裴遐「善敍名理」，又引王敦別傳，言敦「少有名理」，衛玠別傳，亦言玠「少有名理」，謝玄別傳，言玄「善名理」，又高逸沙門傳，言殷浩「能言名理」，李充翰林論，則有「研至名理」，世說文學篇，亦有「名理奇藻」之語。何以「名理」能「校練」，能「精鍊」，能「善談」，能「善言」，能「善敍」，能「少有」，能「善」，能「能言」，能「研至」，且與「奇藻」並舉？諸家只是想當然地，並沒有能舉出實例來；只是想像「名理」之「名」爲如何，而並沒有能眞正地了解此一「名」，在此當作何解釋。無可否認的，「名」在魏晉南北朝，也是個極見流行的字眼，像「名士」、「名流」、「名勝」、「名言」、「名族」、「名閥」、「名輩」、「名望」、「名筆」、「名價」、「名德」、「名論」、「名檢」、「名譽」等等，不可勝數。而「名理」之「名」，正與此等詞之「名」不殊，「名理」的定義，也由是可知，它只不過是：

在魏晉南北朝的某一時期中，所出現的有名之理。

既屬有「名」之「理」，自可「校練」、「精鍊」、「研至」、「善」、「好」、「善談」……。如小時了了，能立一「理」，著名當時，自然就是「少有名理」了。又既然是一「理」，自需有充分之理，太平御覽卷五九五李充翰林論云：「研至名理，論貴於允理，不求支離，若嵇康之論文矣。」此不過舉叔夜之論，以說明一「理」，當「貴於允理」，「不能支離」，而不是說，嵇康之論，即爲「名理」。貴於允理，則能自立其說，能攻人，亦能防人之來攻，有如奕棋之名局，其着法及變化，唯有深研者能知之，又以其精彩逾常，故能有「名」於時，宋書卷六十四鄭鮮之傳載鮮之滕羡議云：「自非名理，何緣多其往復。」「名理」之有「名」，必有其理，等此而外，何必多費口舌，世人之重「名理」，以是可見。(註二二)

而魏志卷二一傅嘏本傳，既稱「嘏常論才性同異」，則嘏之「才性同異」，或爲當時之「名理」。

據世說文學篇劉孝標之注，嘏所主爲「才性同」。而這才性問題之討論，自然起於曹操之三番四次下令求才而不求德。雖說「名理」不是像前此諸家所說的，用名辯方法來考察名與實的關係，而此「才性」問題却是專着眼於名與實的實質方面，而有所論列。這在當時的京師，確是風靡一時的課題。

才與性，即操行與才能，孰先孰後，孰輕孰重，討論這一問題的，較早的有徐幹的中論，智行第九曰：

或問曰：「士或明哲窮理，或志行純篤，二者不可兼，聖人將何取？」對曰：「其明哲乎。夫明哲之爲用也，乃能殷民阜利，使萬物無不盡其極者也。聖人之（不）可及，非徒空行也，智也。伏羲作八卦，文王增其辭，斯皆窮神知化，豈徒特行善而已乎？易離象稱：大人以繼明，照於四方。且大人，聖人也。其餘，象皆稱君子，蓋君子通於賢者也。聰明，惟聖人能盡之；大才，通人有而不能盡也。書美唐堯，欽明爲先，驩兜之舉共工，四嶽之薦鯀，堯知其行，衆尚未知信也，若非堯，則裔土多凶族，兆民長愁苦矣，明哲之功也。如是子將何從？」

或曰：「俱謂賢者耳，何乃以聖人論之？」對曰：「賢者亦然。人之行，莫大於孝，莫顯於清。曾參之孝，有虞不能易；原憲之清，伯夷不能間，然不得與游、夏列在四行之科，以其才不如也。仲尼問子貢曰：『汝與回也孰愈？』對曰：『賜也何敢望回，回也聞一以知十，賜也聞一以知二。』子貢之行，不若顏淵遠矣，然而不服其行，服其聞一知十，由此觀之，盛才所以服人也。仲尼亦奇顏淵之有盛才也，故曰：『回也非助我者也。於吾言，無所不說。』顏淵達於聖人之情，故無窮難之辭，是以能獨獲亹亹之譽，爲七十子之冠，曾參雖質孝，原憲雖體清，仲尼未甚嘆也。」

或曰：「苟有才智，而行不善，則可取乎？」對曰：「何子之難喻也。水能勝火，豈一升之水，灌一林之火哉？柴也愚，何嘗自投於井。夫君子仁以博愛，義以除惡，信以立情，禮以自節，聽以自察，明以觀色，謀以行權，智以辨物，豈可無一哉？謂夫多少之間耳。且管仲背君事讎，奢而失禮，使桓公有九合諸侯，一匡天下之功，仲尼稱之曰：『微管仲，吾其被髮左衽矣。』召忽伏節死難，人臣之美義也，仲尼比爲匹夫匹婦之爲諒矣。是故聖人貴才智之特能立功、立事益於世矣。如愆過多，才智少，作亂有餘，而立功不足，仲尼所以避陽貨而誅少正卯也，何謂可取乎？漢高祖數賴張子房權謀以建帝業；四皓雖美行，而何益夫倒懸？此固不可同日而論矣。」

或曰：「然則仲尼曰『未知焉得仁』，乃高仁耶？何謂也。」對曰：「仁固大也，然則仲尼此亦有所激然，非專小智之謂也。……且徐偃王知脩仁義而不知用武，終以亡國；魯隱公懷讓心而不知佞僞，終以致殺；宋襄公守節而不知權，終以見執；晉伯宗好直而不知時變，終以隕身；叔孫豹好善而不知擇人，終以凶餓，此皆蹈善而少智之謂也。故大雅貴既明且哲，以保其身。夫明哲之士者，威而不偪，困而能通，決嫌定疑，辨物居方，禳禍於忽秒，求福於未萌，見變事則達其機，得經事則循其常，巧言不能推，令色不能移，動作可觀，則出辭爲師表，比諸志行之士，不亦謬乎！」

偉長强調先「明哲窮理」，而後言「志行純篤」，重「智」過於重「仁」，亦卽重「才」過於重

「行」，和曹操的主張相符合。又前引王仲宣儒吏論，稱「吏服雅訓，儒通文法，故能寬猛相濟，剛柔自克」，也是有背於漢人說法的。及孟德既死，曹丕代漢，時序更易，不能再馬上治天下了，朝廷又漸重儒學，魏志卷二十二盧毓傳曰：

前此諸葛誕、鄧颺等馳名譽，有四窗八達之誚，帝疾之。時舉中書郎，（明帝）詔曰：「得其人與否在盧生耳。選擧莫取有名，名如畫地作餠，不可啖也。」毓對曰：「名不足以致異人，而可以得常士，常士畏敎慕善，然後有名，非所當疾也。愚臣既不足以識異人，又主者正以循名案常爲職，但當有以驗其後。……」……毓於人及選擧，先擧性行而後言才，黃門李豐嘗以問毓，毓曰：「才所以爲善也，故大才成大善，小才成小善，今稱之有才而不能爲善，是才不中器也。」豐等伏其言。

魏明帝與盧毓所論，是名實問題；李豐與盧毓所論，則是才性問題，表面上雖不同，實際上是相通的。所以相通，卽因選擧上之名實關係，在當時，很多人卽了解爲才性關係。盧毓所云「常士畏敎慕善，然後有名」，便足以說明取有名卽是擧性行。而由這討論中，可見得才性問題還是個懸而不決的問題，(註二三)也是個最流行的談論課題，傅嘏所立「才性同」，可能由於內容之精闢，遂爲世之「名理」。

當漢魏之際，京師既因孟德重才不重德，激起一連串關於名實才性的討論。而在魏都之外，却因經過長時期的變亂，經學雖仍受崇尚，已失去它的向心力，和足够維繫人心的力量。魏志卷十注引何劭荀粲別傳曰：

> 粲字奉倩，粲諸兄並以儒術論議，而粲獨好言道。常以為子貢稱夫子之言性與天道不可得而聞，然則六籍雖存，固聖人之糠粃。粲兄俁難曰：「易亦云：『聖人立象以盡意，繫辭焉以盡言。』則微言胡為不可得而聞見哉？」粲答曰：「蓋理之微者，非物象之所舉也。今稱『立象以盡意』，此非通于意外者也；『繫辭焉以盡言』，此非言乎繫表者也。斯則象外之意，繫表之言，固蘊而不出矣。」及當時能言者不能屈也。

粲可以算得上是一個傳統學術的反動者，在他看來，六籍不過是聖人之學的糠粃，易雖然說立象可以盡意，繫辭可以盡言，然而對於象外之意，繫表之言，顯然是無能為力，「理之微者，非物象之所舉也」，就因為它蘊而不出，所以才需要探討，而聖人的精意，即在於這些地方，聖人不是說過「形而上者謂之道，形而下者謂之器」麼？撇掉性與天道，專就六籍來談，永遠落於下乘，這是可以想像得到的。粲之獨好言「道」，此「道」不必是老莊道家之「道」，如解釋它為「性與天道」之「道」，也許更近於事實些。而「性與天道」，即人生和宇宙的問題，也就是討論天人之際的大學問。雖然對於粲的理論，我們知道得很少，其退出儒家經典的圈子，不僅對於篤守儒術的荀俁來說，是離經叛道，這在當時來說，可能也是聞所未聞，別傳又說：

太和初，到京邑，與傅嘏談。嘏善名理，而粲尚玄遠，宗致雖同，倉卒時，或有格而不相得意，裴徽通彼我之懷，為二家釋。頃之，粲與嘏善。

荀粲的那一套「道」，既然是超出當時人的知識、常識之外，自然可說是「尚玄遠」。與講「才性同」的傅嘏，其有「格而不相得意」之處，也是不難想見的，虧得靠了一位裴徽，為通彼我之懷，才使得談論能繼續下去，也使京邑的人能夠接受這一外來的，離經叛道的，玄遠的思想，導致魏晉思想展開一新的局面，不再拘泥於才性，開始討論天之道、地之道、和人之道。而談論之有記載也從此開始。

（註一）「賞譽」一辭，假自世說新語篇名。

（註二）唐長孺清談與清議，魏晉南北朝史論叢頁二九〇——一。

（註三）顧炎武日知錄卷七夫子之言性與天道條，謂「昔之清談，談老莊；今之清談，談孔孟」。又錢大昕十駕齋養新錄卷一八清談條，亦稱：「魏晉人言老莊，清談也；宋明人言心性，亦清談也。」並以清談泛指一切虛言不務實際之談。

（註四）如唐長孺清談與清議，魏晉南北朝史論叢頁二八九。

（註五）參閱唐長孺清談與清議一文。

（註六）人物志九徵第一。

（註七）人物志效難第十一。

（註八）李一之人物志研究引言中語，見頁五。

（註九）世說言語篇注引司馬徽別傳曰：「徽字德操，潁川陽翟人。有人倫鑒識，居荆州，知劉表性暗，必害善人，乃括囊不談議。時人有以人物問徽者，初不辨其高下，每輒言佳。其婦諫曰：『人質所疑，君宜辨論，而一皆言佳，豈人所以咨君之意乎？』徽曰：『如君所言，亦復佳。』其婉約遜遁如此。嘗有妄認徽豬者，便推與之，後得其豬，叩頭來還，徽又厚辭謝之。」徽之不惹是非，見侮不辱，正是他保身的一法。

（註一〇）意林卷五有物理論十六卷，張海鵬云：「鵬按中引傅子，疑前傅子文中錯簡在此。」而此條則未言出自傅子，與湯氏說不同。

（註一一）見湯氏讀人物志，魏晉玄學論稿頁十八。

（註一二）見唐氏魏晉玄學之形成及其發展，魏晉南北朝史論叢頁三二〇。

（註一三）論中國哲學思想史中理之六義（三）魏晉玄學與名理，新亞學報第一期，頁六五。

（註一四）論中國哲學思想史中理之六義（三）魏晉玄學與名理，新亞學報第一期，頁六五。

（註一五）見馮氏新原道頁一二八。

（註一六）論中國哲學思想史中理之六義（三）魏晉玄學與名理，新亞學報第一期，頁六六——六七。

（註一七）論中國哲學思想史中理之六義（三）魏晉玄學與名理，新亞學報第一期，頁七二。

（註一八）論中國哲學思想史中理之六義（三）魏晉玄學與名理，新亞學報第一期，頁七三。

（註一九）魏晉名理正名，才性與玄理頁二六二。

（註二〇）魏晉名理正名，才性與玄理頁二四二。

（註二一）魏晉名理正名，才性與玄理頁二五五——二五六。

（註二二）劉大杰氏嘗以魏晉時代的淸談，可別爲名理，玄論二派。（魏晉思想論頁一六七——二二〇）我在討論竹林七賢時，也有類似的說法，認爲當時有所謂名理家，與言談家之別（竹林七賢研究頁一六三——一七〇）。從談論的課題，思路的歸趨來說，是可以如此說的。至於是否有如此顯明的劃分，則頗有問題。

（註二三）參考唐長孺魏晉才性論的政治意義，魏晉南北朝史論叢頁三〇八——三〇九。

四　正始談風

曹丕代漢之先，三國鼎立之勢早成，國際間雖戰爭不息，固已無關于大局，馬上時代已成過去，這時，最迫切的，是如何治理這已得的天下，文帝的作風異於先代，有它事實上的需要。遂做效漢文的所作所爲，息兵輕刑，禁復讐，薄賦稅，使喪亂之餘，民得以復甦。又立太學，祀孔子，然一種學術思想，一旦失去它主流的地位，要想重新在學術思想自由的空氣中，恢復它已往的聲勢，而本身煩瑣機械的解釋，又無足够的吸引力，當局亦只基於傳統的政治理想，而不得不維持它的形式，却無實質上的興趣，在如此情形下，經學在魏的初期，只不過是一種昇平的點綴而已。

荀粲的思想，帶給京師一新的刺激，使他們知道學問不在於儒術經學之中，不在於現實世界所能得到印證的名實問題之中，而在性與天道之中，更在象，意之外。然這些所謂性與天道，及象、意之外的東西，與人生界究屬隔絕，飽受法術薰陶的腦筋，不可能很快地接受，尚需要一段時間來讓他們思考。何晏以一三十左右的人（註一），生活在如此地一個環境中，不僅學習，也同時開始孕育一新的思想體系。

太和六年，青龍四年，接着是景初。景初二年冬十二月，曹爽爲大將軍，三年春正月，明帝徵卒，太子芳立，二月，以何晏爲尙書(註二)。明年，爲正始元年，而開始了正始時代的十年。

正始是一個非凡的時代，雖然談論並不是由這一時代所開創的，却是樹立規模，發揚光大的一朝。談論之成爲一時的風氣，與何晏至具關係，魏志卷九何晏傳曰：

晏，何進孫也。母尹氏，爲太祖夫人。晏長於宮省，又尙公主，少以才秀知名，好老莊言，作道德論，及諸文賦，著述凡數十篇。

注引魏略曰：

晏尙主，又好色，故黃初時，無所事任；及明帝立，頗爲冗官；至正始初，曲合於曹爽，亦以才能故，爽用爲散騎侍郎，遷侍中，尙書。……晏爲尙書，主選擧，其宿與之有舊者，多被拔擢。

按魏晉南北朝時，著述最繁，然而街談巷議，小說家言，往往攙入其中；或由於道途的不同，褒貶由心，因而造成史實的不明，何晏之事，可爲一例。魏略說晏的任尙書，主選擧，「其宿與之有舊者，多被拔擢」，而同書鄧颺傳，則謂「颺爲人好貨，前在內職，許臧艾授以顯官，艾以父妾與颺，故京師爲之語曰：『以官易婦鄧玄茂。』每所薦達；多如此比。故何晏選擧不得人，頗由颺之不公忠，遂同其罪，蓋由交友非其才」，同出一書，意卽相反，然揆諸晉書卷四十七傅咸傳，載咸上書稱：「正始中，任何晏以選舉，內外之衆職，各得其才，粲然之美，於斯可觀，如此非徒御之以限法之所致，乃委任之由也。」而咸固「剛簡有大節，風格峻整，識性明悟，疾惡如讎，推賢樂善」，且時亦相近，當爲可信。又世說二文學篇：

何晏爲吏部尚書，有位望，時談客盈坐……。

注引文章敍錄曰：

晏能清言，而當時權勢，天下談士，多宗尙之。

按魏故事，吏部主選舉，最爲清貴，亦卽曹操當政時期之司空府、丞相府東曹掾職位之轉。而平叔既爲孟德之養子，又爲孟德之壻，他們之間的關係應該是這樣的(註三)：

何進子＝尹夫人——何晏
魏武帝＝尹夫人
魏武帝＝杜夫人——金鄉公主
何晏＝金鄉公主

在另一方面，平叔佐曹爽，在司馬氏逐漸威脅魏室的情勢下，排除司馬懿，建立一個親魏政權。在整個過程中，吏部尚書的職位是非常重要的，因為他擁有用人之權，可以進一人，也可以退異己。平叔成為這時朝廷的重心，全然由於他的「才能故」，而也由於他的招納接引，正始一朝人才極盛，像阮籍、山濤、嵇康皆於這時始入仕(註四)。更由於他以清望領吏部，設談坐，談風大盛，魏京師洛陽隱然成為談論的中心，魏志卷二九管輅傳注引輅別傳曰：

> 裴使君聞言則忼慨曰：「何乃爾邪？雖在大州，未見異才，可用釋人鬱悶者，思還京師，得共論道耳。」

按裴徽其人，在太和初荀粲，傅嘏談坐上已表現出他的博學，管輅、王弼均由他的賞識而拔起，輅別傳稱「冀州裴使君，才理清明，能釋玄虛，每論易及老莊之道，未嘗不注精於嚴瞿之徒也」，然而他却一心嚮往京師，因為其時京師除何晏外，尚有他人，別傳又曰：

> 至（正始九年）十月，舉為秀才，輅辭裴使君，使君言：「丁、鄧二尚書有經國才略，於物理不精也……。」

丁謂丁謐，鄧謂鄧颺，雖然於物理不精，但也都算得上是談坐佳客。又魏志卷九注引魏氏春秋曰：

初，夏侯玄、何晏等名盛於時，司馬景王亦預焉。

是夏侯玄、司馬師亦預談坐。然景王的預談坐，可能不像他人的單純為談而來，而係抱有政治上的目的，及王弼既來，正始談風算是達到了最高峯了。

平叔認為萬有的本體，其名曰道。至於道究竟怎麼樣則難說了，因為我們既看不見它，亦聽不見，更沒有一個適當的字眼可以來形容它、或稱謂它的全體（不是一支），列子一天瑞篇注引其道論：

有之為有，恃无以生；事而為事，由无以成。夫道之而无語，名之而无名，視之而无形，聽之而无聲，則道之全焉。故能昭音響而出氣物，包形聲而章光影。玄之以黑，素之以白，矩之以方，規之以圓。圓方得形，而此无形；白黑得名，而此无名也。

這樣看來，道顯然是无所有，亦即是萬有未形之初的所有，然而到了既有之後，道將何存？同書四仲尼篇注引其无名論曰：

夫道者，惟无所有者也。自天地以來，皆有所有矣，然猶謂之道者，以其能復用无所有也。故雖處有名之域，而沒其无名之象。

誠然，道是无所有，然而，能用无所有者，我們同樣地可以稱它為道，故「雖處有名之域，而沒其无名之象」，就此而解決了道在萬有既生後的存在問題。於是接着說：

此比於无所有，故皆有所有矣；而於有所有之中，當與无所有相從，而與夫有所有者不同。同類无遠而相應，異類无近而不相違。譬如陰中之陽，陽中之陰，各以物類自相求從。夏日爲陽，而夕夜遠與冬日共爲陰；冬日爲陰，而朝晝遠與夏日同爲陽，皆異於近而同於遠也。

這是一種模稜兩可的說法，比較有无成份的多寡，作相對性的分類。而這也都是聖人所不言的，如今却立數論以說之，時代倒底是不同了。

一般說來，平叔似是頗採道家之說以釋儒的，魏志卷二十九管輅傳注引輅別傳曰：

至十月，舉爲秀才。輅辭裴使君，使君言：「丁、鄧二尙書有經國才略，於物理不精也；何尙書神明精微，言皆巧妙，巧妙之志，殆破秋毫，君當愼之。自言不解易九事，必當以相問，比至洛，宜善精其理也。」輅言：「何若巧妙以攻難之才，游形之表，未入於神。夫入神者，當步天元，推陰陽，探玄虛，極幽明，然後覽當無窮，未暇細言。若欲差次老莊，而參爻象，愛微辯而興浮躁，可謂射侯之巧，非能破秋毫之妙也。若九事皆至義者，不足勞思也。……」

平叔說易，未見有所論述，然就輅別傳，可以探知他多半是「差次老莊，而參爻象」，與傳統漢儒之易，「步天元，推陰陽，探玄虛，極幽明，然後覽道無窮」者不同。在易方面，平叔固然採用老莊之說，在另一方面，平叔有論語集解，引古論諸家之善，於「有不安者，頗爲改易」(註五)，間亦有用老莊說之者，如雍也「仁者樂山」注曰：

仁者，樂如山之安固，自然不動，而萬物生焉。

又述而「志於道」注曰：

志，慕也。道不可體，故志之而已。

又子罕「子絕四：毋意，毋必，毋固，毋我」注：

以道爲度，故不任意。

用之則行，舍之則藏，故無專必。

無可無不可，故無固行。

述古而不自作，處羣萃而不自異，唯道是從，故不有其身。

又「仰之彌高，鑽之彌堅。瞻之在前，忽焉在後」注：

言不窮盡。

言恍惚不可爲形象。

又先進「子曰：回也其庶乎，屢空，賜不受命，而貨殖焉，億則屢中」注：

言回庶幾聖道，雖數空匱，而樂在其中。賜不受敎命，唯財貨是殖，億度是非。蓋美回所以勵賜也。

一曰：屢，猶每也。空，猶虛中也。以聖人之善道，敎數子之庶幾，猶不至於知道者，各內有此害。其於庶幾每能虛中者，唯回懷道深遠，不虛心不能知道。子貢雖無數子之病，然亦不知道者，雖不窮理而幸中，雖非天命而偶富，亦所以不虛心也。

又季氏「畏大人，畏聖人之言」注：

大人，卽聖人，與天地合其德。

深遠不可易知測，聖人之言也。

論語在漢代，被公羊家附庸于春秋，更佐以緯書的口授微言，已經改變了孔子的思想面目。平叔在這方面是有功於聖學的，錢竹汀氏在何晏論中(註六)，雖承認平叔不是一個「經訓顓門」者，然也指出論語集解，「當時重之，更數千載不廢」。我們可以這樣說，他的間用老，雖不免有瑕疵之譏，却並未使他的成就減色，反因他化道入儒，自然天成，影響後來極大。

平叔又主張聖人无喜怒哀樂，魏志卷二八鍾會傳注引何劭王弼傳云：

> 何晏以爲聖人无喜怒哀樂，其論甚精，鍾會等述之。弼與不同，以爲聖人茂於人者，神明也；同於人者，五情也。神明茂，故能體沖和以通无；五情同，故不能无哀樂以應物。然則聖人之情應物而无累於物者也，今以其无累，便謂不復應物，失之多矣。

馮芝生氏以爲平叔之說，雖內容不傳，要皆從先秦道家所持以理化情，或以情從理說中轉出。照莊子的說法，人的感情，如喜怒哀樂等，起於人對於事物底不了解。聖人對於事物有完全底了解，所以「哀樂不能入」（莊子養生主）。哀樂不能入，就是無哀樂，也就是無情。聖人所以無情，並不是冥頑不靈，如所謂槁木死灰，而是其情爲其了解所融化，此所謂以理化情。王弼以爲這是不可能底。聖人不是無情，而是有情而不爲情所累。先秦道家以爲情爲累，以無情爲無累。王弼以有情而爲情所累爲累，以有情而不爲情所累爲無累，這是王弼對於先秦道家底一個修正（註七）。輔嗣的說法是不錯的，因爲五情是自然之性，卽以後天的學，尙不能够以漸去，何況於聖人的最爲近道，道卽自然也，我們沒有理由否認聖人無喜怒哀樂之情，弼之答潁川人荀融難大衍義書，正是這樣說法的一個注脚，何劭王弼傳引之曰：

> 夫明足以尋極幽微，而不能去自然之性。顏子之量，孔父之所預在，然遇之不能無樂，

喪之不能無哀，又常狹斯人，以爲未能以情從理者也，而今乃知自然之不可革。是足下之量，雖已定乎胸懷之內，然而隔踰旬朔，何其相思之多乎？故知尼父之於顏子，可以無大過矣。

這裏所表現的，只是兩種觀點的兩種推理的自然結果。平叔以「无」來形容「道」，以「无爲」來說明「道」的全體大用，因爲聖人近道，所以說是不復應物；輔嗣却更加上自然，道而法自然，因之，聖人仍有五情，發之自然而不矯揉做作，說法是較平叔爲更勝一籌的（註八）。

王弼似乎是一個傳奇性的人物，從他出現在正始的談坐上，到生癘疾而卒，短短的幾年中，以二十左右的人，成就之大，影響之深，可說是很少見的，世說文學篇云：

王弼未弱冠，往見晏，晏聞弼名，因條向者勝理語弼曰：「此理，僕以爲極可，得復難不？」弼便作難，一坐人便以爲屈。

注引王弼別傳曰：

弼字輔嗣，山陽高平人，少而察惠，十餘歲便好莊老，通辯能言，爲傅嘏所知。吏部尙書何晏甚奇之，題之曰：「後生可畏，若斯人者，可與言天人之際矣！」

注又引魏氏春秋曰：

弼論道約美不如晏，自然出拔過之。

此「道」，卽天之道，地之道，人之道。又魏志卷二八鍾會傳注引何劭王弼傳曰：

弼天才卓出，當其所得，莫能奪也。……其論道，附會文辭不如何晏，自然有所拔得多晏也。

何王優劣，上面的說法有他的根據。以輔嗣的注解老易來看，其見解的超拔，立論的精確，實非何晏所能企及；而平叔的談論技巧之巧妙，王弼亦當自愧不如，更證明了這種說法的眞實性。從另外一方面看來，何晏不過是一從政的業餘談家，自有他的事功，雖有倡導正始談風之功，然而眞正爲談論奠定理論基礎，而正始之成其爲正始的，則屬之職業談士的王弼，雖然他在事功上無可取，可是與何晏同爲正始談風的大功臣，是當之無愧的。

從兩漢以來，注老的可說是相當不少，然而能作義理上的推闡，則可以說是沒有(註九)。對於如此一本書，有心人自然不會加以輕易放過，亦由於這一本書，啓發了正始諸家的心智。何晏是否嘗試過替老作注，尙是一個疑問，世說文學篇云：

何晏注老子未畢，見王弼自說注老子旨，何意多所短，不復得作聲，但應諾諾，遂不復注，因作道德論。

自然，這不是不可能的事，且前引何晏道論、无名論，亦就是由老子引申而成論的，只是德論未見傳世罷了。至於王弼注，則卽使在中國的思想史上，亦自有他的崇高地位。老子一章「无名，天地之始；有名，萬物之母」注：

凡有，皆始於无。故未形无名之時，則爲萬物之始，及其有形有名之時，則長之、育之、亭之、毒之，爲其母也。

名，是所以形容一事物。今說：无是有之始，然而這裏所說的无，只是未知无名的无，而不是眞无，十四章「其上不皦，其下不昧，繩繩不可名，復歸於无物，是謂无狀之狀，無物之象」注：

欲言无邪？而物由以成；欲言有邪？而不見其形。故曰：无狀之狀，无物之象也。

无既不可生有，故實有，可是由於未形无名的「无狀之狀，无物之象」緣故，亦得以「无」稱之。這和平叔一樣，他們所稱的有无，只是相對性的有无，而非絕對的有无，故此「未形无名」，比之於絕對的无，則誠爲有；然較之「有形有名」，仍爲无。由此看來，此无尙非終極之本體所在，十六章「道乃久」注：

窮極虛无，得道之常，則乃至於不窮極也。

本體之難覓，有如此者。輔嗣層層剝去，既得道之常，然而尙未至窮極之本體所在，其原因在他二十五章「域中有四大」注中說得極爲明白，他說：

凡物有稱有名，則非其極也。言道則有所由，有所由，然後謂之爲道。然則是道，稱中之大也。

因爲有稱有名的，無論如何，倘能捉摸得到，既能捉摸得到，當非其極。而道的所以非其極，在於尙有所由，顯然地可知道，道並非本體所在。二十五章「人法地，地法天，天法道，道法自然」注：

自然者，无稱之言，窮極之辭也。

窮極根本，得一「自然」，此卽本體之所在。然而我們既講它是一「无稱之言，窮極之辭」，自不可說，因之不能不找一可以稱謂的字來取代它。而道是較爲理想的，雖然有所由，不是窮極之辭，然却是「稱中之大」，二十五章「字之曰道」注：

夫名以定形，字以稱可言。道取於无物而不由也，是渾成之中，可言之稱最大也。

我們旣說「道取於无物而不由」，自可以說「萬物皆由道而生，旣生而不知其所由」（三十四章注），道的問題到此可說是解決了。却又產生另外一新的問題，卽有无體用的關係，三十八章「故失道而後德」注：

> 夫大之極也，其唯道乎。自此以往，豈足尊哉？故雖盛業大富，而有萬物，猶各得其德。雖貴以无爲用，不能捨无以爲體也。不能捨无以爲體，則失其爲大矣，所謂失道而後德也。

由於對事物的認識不清，體用不分，致生極大的危機。我們假无以爲用，這是對的；可是无並不是體，窮極根本，而得自然，那才是體之所在。以无爲體，徒然失其大，所以失道而後德，全由於本體的被誤認而不明。是以萬物皆以自然爲性，二十九章「不可爲也，爲者敗之，執者失之」注：

> 萬物以自然爲性，故可因而不可爲也，可通而不可執也。

可因而不可爲，可通而不可執，亦卽无爲无造，萬物與天地並无二致，以天地任自然也，五章「天地不仁，以萬物爲芻狗」注：

> 天地任自然，无爲无造，萬物自相治理，故不仁也。仁者必造立施化，有恩有爲。造立施化，則物失其眞；有恩有爲，則物不具存。物不具存，則不足以備載矣。

自然是體，无爲无造是用，天地乃由是而成其爲天地。同理，聖人之所以爲聖人，亦在於能任自然，二十九章「故物或形或隨，或歔或吹，或强或羸，或挫或隳，是以聖人去甚，去奢，去泰」

注：

> 聖人達自然之至，暢萬物之情。故因而不爲，順而不施，除其所以迷，去其所以惑，故心不亂而物性自得之矣。

聖人近道，所以達自然之至，而无爲无造。因之，聖人之情應物而无累於物。至於无爲无造，並不是不應物，只是順其自然而已，何晏、王弼的思想分別在此。

輔嗣的老子注，爲老學開闢了一新境界；而他對於易學的貢獻，也是無可比擬的，魏志卷二八鍾會傳注引孫盛曰：

> 易之爲書，窮神知化，非天下之至精，其孰能與於此。世之注解，殆皆妄也，況弼以附會之辨，而欲籠統玄旨者乎？故其敍浮義，則麗辭溢目；造陰陽，則妙賾無間。至於六爻變化，羣象所效，日時歲月，五氣時推，弼皆擯落，多所不關，雖有可觀者焉，恐將泥夫大道。

王弼的注易，違背了易學的傳統，招致經師們的不滿。因爲從左氏開始，有了互體和象數的說法，左傳莊二十二年「陳侯使筮之，遇觀之否」正義曰：

> 二至四，三至五，兩體交互，各成一卦，先儒謂之「互體」。

又王應麟輯周易鄭康成注序云：

凡卦爻二至四、三至五，兩體交互，各成一卦，是謂一卦含四卦，繫辭謂之中爻，所謂八卦相盪，六爻相雜，唯其時雜物撰德是也。唯乾坤無互體，蓋純乎陽、純乎陰也，餘六子之卦，皆有互體。

按左氏雖有「遇觀之否」一語，而無互體之名，經過漢儒，即正義所謂之「先儒」的努力發揮其義，遂成爲早期易學的一重要部門。至於象數，則最早亦見於左傳僖十五年：

韓簡侍曰：「龜，象也；筮，數也。物生而後有象，象而後有滋，滋而後有數。」

注曰：

言龜以象示，筮以數告，象數相生而生，然後有占，占所以因吉凶。

換句話說，象數就是龜筮，而占卜吉凶所從出。易本來就沒有什麼奧妙可言，不過是一部占卜吉凶的書而已。漢時，易學大盛，家法雖異，然而沒有出於象數以外的，而問題在其中更摻雜了戰國以來陰陽五行讖緯的一套，出現所謂卦氣、納甲、爻辰、半象、兩象易、八宮卦、世應、遊魂歸魂、飛伏等名目(註一〇)，自然，互體也是其中之一。討論互體，到鄭康成時，達到了最高峯，鄭玄、虞翻，既以二至四爻、三至五爻，互三畫之卦二；復以初至五、二至上，各互六畫之卦一；更以初至四、二至五、三至上，各互六畫之卦一；又有本不成體，而據其半象，以爲互體者，則一卦可衍爲無數之卦體(註一一)。因此，漢代的易學，較之其他經，更爲多彩，也更爲神秘，可是也因此到達窮盡的末途。隋書經籍志言漢易學的傳授系統曰：

漢初，傳易者有田何，何授丁寬，寬授田王孫，王孫授沛人施讎、東海孟喜、琅邪梁丘賀，由是有施、孟、梁丘之學。又有東郡京房，自云受易於梁國焦延壽，別爲京氏學，嘗立，後罷。後漢，施、孟、梁丘、京氏，凡四家並立，而傳者甚衆。漢初，又有東萊費直傳易，號爲古文易，以授琅邪王璜，璜授沛人高相，相以授子康，及蘭陵毋將永，故有費氏之學行於人間，而未得立。後漢陳元、鄭衆，皆傳費氏之學，馬融又爲其傳，以授鄭玄，玄作易注，荀爽又作易傳。魏代王肅，王弼，並爲之注，自是費氏大興，高氏遂衰。

這裏最堪注意的，是所謂費氏易的興起，由於其與後日易學發展的關係太大，不得不詳加討論，按皇清經解一五一張惠言易義別錄周易馬氏條云：

費氏古文易，徒以彖、象、繫辭、文言解說上下經，無章句。七錄有費氏章句四卷，蓋僞託，不足信。傳之者，前漢王璜、後漢陳元、鄭衆，皆無著書。有書自馬融始，七錄云：「馬融傳九卷。」隋經籍志：「梁有漢南郡太守馬融注一卷，亡。」一疑九之誤，而釋文敍錄、及唐藝文志，皆有馬融傳十卷，孔穎達、陸德明、李鼎祚引馬融說，似俱親見其書，不知隋志何以云亡也。馬融爲易傳，授鄭康成，康成爲易注，于是費氏遂興。然陸德明以爲永嘉之亂，鄭注行世，而費氏之易注無人傳者，豈以僞託之章句爲費氏邪？荀爽亦注費氏易者，其義又特異，或者費氏本無訓說，諸儒斟酌各家以通之，馬、鄭、荀各自名家，非費氏本學也。

若張氏之言爲眞，則費氏不費氏可以不論，而各自名家，荀爽之所以不同於鄭玄，王弼之所以不同於王肅，卽因爲並沒有家法的羈絆。學術自由的空氣，是魏晉時代的最大特色，而這種情形，在漢末已漸形成熟了。前面，我們曾談到正始前後，「差次老莊，而參爻象」的風氣已開，而王弼的易注正產生在這時代，更具有着劃時代的意義。

輔嗣在他的周易略例明象篇中說：

夫衆不能治衆，治衆者，至寡者也；夫動不能制動，制天下之動者，貞夫一者也。故衆之所以得咸存者，主必致一也；動之所以得咸運者，原必无二也。物无妄然，必由其理，統之有宗，會之有之，故繁而不亂，衆而不惑。……故自統而尋之，物雖衆，則知可以執一御也；由本以觀之，義雖博，則知可以一名舉也。故處璇璣以觀大運，則天地之動，未足怪也；據會要以觀方來，則六合輻湊，未足多也。

舉凡一切事物的處理原則，要從根本着手，方能繁而不亂，衆而不惑，因爲「物无妄然，必由其理」，而「貞夫一者」，卽樞機的所在，此與平叔之釋衞靈公「予一以貫之」曰：「善有元，事有會，天下殊塗而同歸，百慮而一致，知其元，則衆善擧矣，故不待多學，而一知之。」說法相同，蓋漢儒講經，煩瑣混雜，易學更甚，平叔、輔嗣用此救其弊，遂進一步討論意、象、言，這是輔嗣講易的精粹所在：

夫象者，出意者也；言者，明象者也。盡意莫若象，盡象莫若言。言生於象，故可尋言以觀象；象生於意，故可尋象以觀意。意以象盡，象以言著，故言者所以明象，得象而忘言；象者所以存意，得意而忘象。猶蹄者所以在兎，得兎而忘蹄；筌者所以在魚，得魚而忘筌也。然則言者象之蹄也，象者意之筌也。是故存言者，非得象者也；存象者，非得意者也。象生於意，而存象焉，則所存者，乃非其象也；言生於象，而存言焉，則所存者，乃非其言也。然則忘象者，乃得意者也；忘言者，乃得象者也。得意在忘象，得象在忘言，故立象以盡意，而象可忘也；重畫以盡情，而畫可忘也。是故觸類可爲其象，合義可爲其徵。義苟在健，何必馬乎？類苟在順，何必牛乎？爻苟合順，何必坤乃爲牛？義苟應健，何必乾乃爲馬？而或者定馬於乾，案文責卦，有馬无乾，則僞說滋漫，難可紀矣。互體不足，遂及卦變，變又不足，推致五行。一失其原，巧愈彌甚，縱復或值，而義无所取，蓋存象忘意之由也。忘象以求其意，義斯見矣。

輔嗣指出漢儒「存象忘意」，而致「互體不足，遂及卦變，變又不足，推致五行，一失其原，巧愈彌甚」。他在明象中，發明易繫辭所說：「子曰：『書不盡言，言不盡意，然則聖人之意，其不可見乎！』子曰：『聖人立象以盡意，設卦以盡情僞，繫辭焉以盡其言，變而通之以盡利，鼓之舞之以盡神。」他以爲易者象也，象之所生，生於義也。言生於象，象生於意，意以象盡，象以言著，然未可謂存言卽可忘意矣，寧得意而忘言！乃「反本」以見天地之心，觀盈虛之消息焉。周易卷三復象「復其見天地之心乎」注：

復者，反本之謂也。天地以本爲心者也。凡動息則靜，靜非對動者也；語息則默，默非對語者也。然則天地雖大，富有萬物，雷動風行，運化萬變，寂然至无，是其本矣。故動息地中，乃天地之心見也；若其以有爲心，則異類未獲具存矣。

天道甚微，而卦者有定，以可盡之言，說無窮之事，言異象衆，繁惑由生，這都是由於舍本而趨末所造成的結果。故輔嗣講「復」，而以「反本」釋之。本者，寂然至无之謂。同書卷七繫辭韓康伯注「大衍之數五十，其用四十有九」引王弼曰：

> 演天地之數，所賴者五十也，其用四十有九，則其一不用也。不用而用之以通，非數而數之以成，斯易之太極也。四十有九，數之極也。夫无不可以无明，必因於有，故常於有物之極，而必明其所由之宗也。

「不用而用之以通，非數而數之以成」，既謂之爲「易之太極」，可見輔嗣易注精神之所在，亦卽得意忘象之另一種說法。輔嗣處處點醒，雖所用辭句不同，意歸無異，「夫无不可以无明，必因於有」，亦是此意，而了得此意，始可以懂得魏志卷二十八鍾會傳注引何劭王弼傳中的一段話，那就是：

> 弼幼而察惠，年十餘，好老氏，通辯能言。父業，爲尚書郎，時裴徽爲吏部郎，弼未弱冠，往造焉。徽一見而異之，問弼曰：「夫無者，誠萬物之所資也，然聖人莫肯致言，而老子申之無已者何？」弼曰：「聖人體無，無又不可以訓，故不說也。老子是有者也，故恆言其所不足。」

輔嗣之說與裴徽同，卽老子在境界上，是比聖人要下一等，故非聖人。此與何晏有異，以世說文學篇注引文章敍錄曰：「自儒者論以老子非聖人，絕禮棄學，何晏說與聖人同，著論行於世。」

也許是由於所解釋的方向不同，而有不同的看法，我們很難在這一點上區別其高下是非的，然而却可以由是而見出何王學術上的立場了。

輔嗣的易注，很顯然地與傳統易學相違背，孫盛對他的批評，正說明了這一點，雖然因此而「恐將泥夫大道」，可也不能不承認倘「有可觀者焉」！

正始時，何晏以清望領吏部，設談坐，進才智之士，由於他的倡導，談風大盛，魏京師洛陽隱然成爲談風的中心。然而談論的盛衰，全在於一二人，正始談風的稱盛，也不過由於何晏、王弼的參預。到了正始十年正月，宣王謀再起，曹爽敗，殺戮於是乎開始，魏志卷九曹眞傳曰：

> 初，張當私以所擇才人張何等與爽，疑其有姦，收當治罪。當陳爽與晏等陰謀反逆，並先習兵，須三月中欲發，於是收晏等下獄。會公卿朝臣廷議，以爲春秋之義，君親無將，，將而必誅。爽以支屬，世蒙殊寵，親受先帝握手遺詔，託以天下，而包藏禍心，蔑棄顧命，乃與晏、颺及當等謀國神器；範黨同罪人，皆爲大逆不道。於是收爽、羲、訓、晏、颺、謐、軌、勝、範、當等，皆伏誅，夷三族。

而王弼亦於是年秋死，魏志卷二十八鍾會傳注引何劭弼傳：

> 正始十年，曹爽廢，以公事免。其秋，遇癘疾亡，時年二十四，無子絕嗣。

而司馬師自正始四年出爲中護軍；晏被誅之明年，卽嘉平二年，遷衞將軍；明年，錄尚書事；四年正月，遂拜大將軍、侍中、都督中外諸軍事、錄尚書事；又二年，夏侯玄等復以謀叛見殺，魏志卷九夏侯玄傳曰：

> 爽誅，徵玄爲大鴻臚，數年徙太常。玄以爽抑絀，內不得意，中書令李豐雖宿爲大將軍司馬景王所親待，然私心在玄，遂結皇后父光祿大夫張緝，謀欲以玄輔政。豐旣內握權柄，子尙公主，又與緝俱馮翊人，故緝信之。豐陰令弟兗州刺史翼求入朝，不聽。嘉平六年二月，當拜貴人，豐等欲因御臨軒，諸門有陛兵，誅大將軍，以玄代之，以緝爲驃騎將軍。豐密語黃門監蘇鑠、永寧署令樂敦，冗從僕射劉賢等曰：「卿諸人多有不法，大將軍嚴毅，累以爲言，張當可以爲誡！」鑠等皆許以從命。大將軍微聞其謀，請豐相見，豐不知而往，卽殺之。事下有司，收玄、緝、鑠、敦、賢等，送廷尉。鍾毓奏豐等謀迫脅至尊，擅誅冢宰，大逆無道，請論如法。於是會公卿朝臣廷尉議，……於是豐、玄、緝、敦、賢等皆夷三族。

夏侯玄的事極爲可疑。而經此兩次的殺戮後，談風由極盛而消沉，而絕迹，這可由「與何晏、鄧颺等數共談講」的衞瓘，見到樂廣時所說：「昔何平叔諸人沒，常謂淸言盡矣。」而得到證明。

不論從思想，或談論上來看，正始都是一個非凡的時代，雖然談風並不是由它所開創的，却是樹立規模、豐富內容，發揚光大的一朝，從稍晚出的典籍中，可以發掘出正始對當時，及以後，所具有的眞正意義：

第一：在談論上，樹立言辭簡至不煩的標準。世說文學篇云：

殷中軍爲庾公長史，下都，王丞相爲之集。……既共清言，遂達三更。丞相旣殷共相往返，……既彼我相盡，丞相乃歎曰：「向者語乃盡，未知理源所歸。至於辭喩不相負，正始之音正當爾耳。」

談論的目的在於求理，而談論的特色在於辭喩。劉孔才重「理勝」而鄙「辯勝」，只是由於過份重視「辭」，致以「辭」害「理」。事實上，辭喩也可說是達到求理目的之手段，而這種手段的適度應用，是極爲有效的。漢末辭清語妙的風氣，和論難的合流，到正始才慢慢定型。它採取了郭林宗的「美音制」，却遺棄符偉明那種的「談辭如雲」。美音制，可以挑動人心；談辭如雲，易流於繁瑣。而力求簡至不煩，出之自然，非但不枯躁，風格自亦高，這似乎是魏晉異於兩漢的地方，不僅在談論中可見，在文辭中也同樣地可以見到。而辭之必有喩，其原因也就在此，人物志四材理篇云：

善喻者，以一言明數事；不善喻者，百言不明一意。

劉昞注曰：

辭附於理，則言寡而事明；辭遠乎理，雖泛濫多言，己不自明，況他人乎？

用譬喻須用得恰當，否則徒然使人感到疑惑不明，失去原來的本意。先秦諸子最善於用譬喻，其目的，也在以少言明多意。且能以淺近的例，說深邃之義。其使用自然需要極其小心，漢末王符在他的潛夫論釋難第二十九，有一段明白精到的對話說：

伯叔曰：「韓非之取矛盾以喻者，將假其不可兩立，以詰堯舜之不得並之勢，而論其本性之仁與賊，不亦失是譬喻之意乎？」潛夫曰：「夫譬喻也者，生於直告之不明，故假然之然否以彰之。（汪繼培箋：墨子小取篇云：「辟也者，擧物而以明之也。」辟卽譬之省。荀子非相篇云：「談說之術，分別以喻之，譬稱以明之。」淮南子要略云：「假象取耦，以相譬喻。」）物之有然否也，非以其文也，必以其眞也，今子擧其實文之性以喻，而欲使鄙也釋其文，鄙也惑焉。……」

我們固然沒有當時人的材料，說明正始諸家力求簡至的情形，然可以他事以明之，世說二文學篇注引晉陽秋曰：

尙書令衞瓘見廣曰：「昔何平叔諸人沒，常謂淸言盡矣，今復聞之於君。」

又注引王隱晉書曰：

衞瓘有名理，及與何晏、鄧颺等數共談講。見廣奇之，曰：「每見此人，則瑩然猶廓重霧而覩靑天。」

廣卽樂廣。衞瓘爲當時尙存曾參預正始談坐的少數人中之一位，他認爲樂廣能淸言。也許正始談論所以被稱爲淸言，卽由於它的簡至不煩，風格特高之故。而廣實具備此淸言家之必要條件，同書注又引晉陽秋曰：

樂廣善以約言厭人心，其所不知，默如也。太尉王夷甫、光祿大夫裴叔則能淸言，常曰：「與樂令談，覺其簡至，吾等皆煩。」

簡至，是可以比較的，沒有一個絕對的標準。而簡至，也不是人人皆能做得到的，可以說是與天賦有關。雖然它不是談論的必要條件，却是淸言家所必需具備的，而這種最高境界的談論，在正始以後已經很少能見到了，此所以正始時代所以能光芒後世，永爲談家豔稱的理由。

第二：在談論的內容上，採取用道入儒的玄論。這點也可以說是劃時代的創舉，有着革命性的意義，文心雕龍卷四論說篇云：

迄至正始，務欲守文，何晏之徒，始盛玄論，於是聃、周當路，與尼父爭塗矣。

以前的談論，不過是以論難的方式，討論經義的異同。至於對現世間的事情，也只是在傳統的觀念下，發揮一己之見，擴而成論，而特重文采，像這種論，可以稱之為「文論」，讀之很美，而經不起別人之攻難。一切事情的變化，有漸變的，也有突變的，在漢魏間的學術思想界，變化已經很顯然，顏氏家訓勉學篇云：

漢時賢俊，皆以一經弘聖入道，上明天時，下該人事，用此致卿相者多矣。末俗空守章句，但誦師言。施之世務，殆無一可。故士大夫子弟，皆以博涉為貴，不肯專儒。

這種情形可以解釋漢魏間諸子之學重光（註二二）的現象。在戰爭不息，政治不穩，學術思想失去指導控制中心的一段期間，老、易學的研究，不僅得到發展，且成平行發展的狀態，而這種趨勢早肇於馬融。漸漸地有人在儒道間作比較，產生儒道之論，更有進一步地調和儒道，使兩家思想趨於一致，甚至引道入儒的，像魏志卷二十九管輅傳注引輅別傳，提到裴徽、管輅的一段答問：

至十月，舉為秀才。輅辭裴使君，使君言：「丁、鄧二尚書有經國才略，於物理不精也；何尚書神明精微，言皆巧妙，巧妙之志，殆破秋毫，君當慎之。自言不解易九事，必當以相問，比至洛，宜善精其理也。」輅言：「何若巧妙以攻難之才，游形之表，未入於神。

夫入神者，當步天元、推陰陽、探玄虛、極幽明，然後覽道無窮，未暇細言。若欲差次老莊，而參爻象，愛微辯而興浮躁，可謂射侯之巧，非能破秋毫之妙也。若九事皆至義者，不足勞思也。」

此已到了正始之時，管輅言「差次老莊，而參爻象」，自必然是事實上已漸成風氣，亦即到了劉彥和所謂「聃、周當路，與尼父爭塗」的時候。而這時論難的內容既已不同於往時，所爭的不復是經義的異同，而是「理」的高下。此理，爲天道、地道、人道之理，只求理之能成立與否，不管文采之是否華麗，玄論由是產生，這也可以說是由正始開先聲的。

正始，有着它本身的特殊風格和精神，同時的傅嘏、鍾會、管輅、阮籍、嵇康輩，在它的强列光彩下，不是參預了清言家的談坐，就是黯然無光，顯得並不重要。在短短的十年中，成就之大，是無可比擬的。

（註一）容肇祖魏晉的自然主義，謂平叔「生約於漢獻帝興平元年（公元一九四）。案魏略云：『晏父蚤亡。太祖爲司空時，納晏母，並收養晏宮中。』考魏太祖以建安元年（公元一九六）冬十月爲司空，行車騎將軍（見魏志卷一），假定操納晏母時，晏爲三歲，則晏生於興平元年。世說新語捷悟篇云：『何晏七歲，明惠若神，魏武奇愛之。因晏於宮中，欲以爲子。』則晏入太祖宮，最大不過七歲，最少不過一歲，折衷之爲三歲，相差當不遠。」見頁九——十。如此則當荀粲太和初（公元二二七——二三二）來京邑時，晏正三十左右之人。

（註二）據萬斯同歷代史表七魏將相大臣年表。

（註三）參閱拙著竹林七賢研究頁六七——七一考證。

（註四）見拙著竹林七賢研究頁一五〇——一五二。

（註五）見何晏等上論語集解敍。

（註六）錢大昕潛研堂集卷一。

（註七）馮友蘭新原道頁一三三——四。

（註八）湯用彤有王弼聖人有情義釋一文，見魏晉玄學論稿頁七二——八三，發明兩家之義，可參看。

（註九）漢人講老，多黃老並稱，其注老，亦多從此路入。至如經師馬融輩之注老，雖未見流傳，當亦不脫此途。而未有能如魏晉以後純作義理上之闡發者。

（註一〇）參見戴君仁談易頁三七——五八。

（註一一）屈萬里先秦漢魏易例述評下卷虞氏互體條，幼獅學報一卷二期。

（註一二）賀昌羣魏晉清談思想初論，以諸子學之重光，爲清談思想產生原因之一。又唐長孺魏晉玄學之形成及其發展，魏晉南北朝史論叢頁三一二——六，雖說明諸子學重光之情形，於其發生，則以政治上反名教之治說之，未得其解。

五　莊學的研究

莊子是一部奇書，不僅它的文字奇，它的思想更奇。可是兩漢似乎是儒術、陰陽、與黃老思想獨占的時代，論衡自然篇云：

黃者，黃帝也；老者，老子也。黃老之操，身中恬澹，其治無為，正身共己，而陰陽自和。無心於為，而物自化；無意於生，而物自成。

完全撇除莊子而不論，我們也許認為仲任本意即在解釋黃老，事實上，漢人在習慣中，確也多黃老並稱，而不像後人那樣地以老莊相連的。史記太史公自序，云其父「談為太史公，太史公習天官於唐都，受易於楊何，習道論於黃子。太史公仕於建元、元封之間，愍學者之不達其意而師悖，乃論六家之要旨」。六家者，謂陰陽、儒、墨、名、法、道德也。論道德之要旨時，即以道家稱之。是談之所謂道家，似專指道德而言，亦即從黃子所習的道論，試觀其說：

道家使人精神專一，動合無形，贍足萬物。其為術也，因陰陽之大順，采儒墨之善，撮名法之要，與時遷移，應物變化，立俗施事，無所不宜，指約而易操，事少而功多。儒者則不然，以為人主，天下之儀表也，主倡而臣和，主先而臣隨，如此則主勞而臣逸，至於大道之要，去健羡，絀聰明，釋此而任術，夫神大用則竭，形大勞則敝，形神騷動，欲與天地長久，非所聞也。

稱說道家之美，可謂至矣。他又繼續說：

道家無爲，又曰無不爲，其實易行。其術以虛無爲本，以因循爲用，無成勢，無常形，故能究萬物之情，不爲物先，不爲物後，故能爲萬物主。有法無法，因時爲業；有度無度，因物與合。故曰：聖人不朽，時變是守。虛者，道之常也；因者，君之綱也，羣臣並至，使自明也。其實中其聲者，謂之端；實不中其聲者，謂之窾。窾言不聽，姦乃不生，賢不肖自分，白黑乃形，在所欲用耳。何事不成，乃合大道，混混冥冥，光耀天下，復反無名。凡人所生者，神也；所託者，形也。神大用則竭，形大用則敝，形神離則死，死不可復生，離者不可復反，故聖人重之。由是觀之。神者，生之本也；形者，生之具也。不先定其神，而曰：我有以治天下，何由哉？

又史遷雖成老莊申韓列傳，而序但曰：

李耳無爲自化，清淨自正；韓非揣事情，循勢理，作老子韓非列傳第三。

此與漢書卷三十藝文志引錄道三十七家，九百九十三篇，莊子五十二篇不過其中之一家，序且稱：

道家者流，蓋出於史官，歷記成敗存亡禍福，古今之道，然後知秉要執本，清虛以自守，卑弱以自持，此君人南面之術也。合於堯之克攘，易之嗛嗛而四益，此其所長也。及放者爲之，則欲絕去禮學，兼棄仁義，曰獨任清楚，可以爲治。

均同樣地漠視莊子，甚至於無視於莊子的存在。嚴靈峯氏引輯莊子書目，於漢時，但有以下兩種(註一)

莊子略要　劉安　王應麟玉海著錄作要略。文選江文通雜體詩注、謝靈運入華子岡詩注、陶淵明歸去來辭注、任彥昇齊文宣王行狀注並引。

莊子后解　劉安　文選張景陽七命注引。

兩書同屬之淮南王劉安，可能爲一書之異名，而爲漢時僅有之有關莊子之著作，較之老子黃帝之書，其多寡輕重實難以相比。

且道家雖尚自然，莊子內篇，但德充符「常因自然而不益生」、應帝王「順物自然而不益私焉」兩條，此自然亦不過曰順物之自爲變化，不復加以外力，不復施以作爲而已。老子則好稱說自然，曰「百姓皆謂我自然」、曰「希言自然」、曰「道法自然」、曰「莫之命而常自然」，曰「以輔萬物之自然而不敢爲」，五千言中凡五見自然之名。莊子不惟內篇中僅得兩條，外雜二十六篇中亦不過兩條，天運「應以自然」，田子方「無爲而才自然矣」。自然一名之使用，至漢時乃大盛，淮南子及論衡都可以找到很多的例子（註二）。他們之講自然，及其對別的方面說法看來，他們得之老子的成份，當亦比之莊子爲更多。

漢獻帝時，仲長統以爲凡遊帝王者，爲的是立身揚名；而名不常存，人生易滅，優遊偃仰，可以自娛，欲卜居清曠，以樂其志，後漢書卷七十九統傳引其論曰：

安神閨房，思老氏之玄虛；呼吸精和，求至人之仿佛。與達者數子論道講書，俯仰二儀，錯綜人物，彈南風之雅操，發清商之妙曲，消搖一世之上，睥睨天地之間，不受當時之責，永保性命之期。如是，則可以陵霄漢，出宇宙之外矣。

統雖不見得是領略至人「消搖一世之上，睥睨天地之間」境界的第一人，至少也是極少數中人的一人。他們這一圈子，所討論的，所神會的，是莊子一書。統與達者數子論道講書的，雖然是莊子，却因爲他們的目的，在樂其志，而不在立其學，所以除了統尙有這一篇論流傳下來之外，其他達者數子，名姓思想俱告亡佚。否則，對這一時期所受莊子的影響，當可以供給我們更多的材料。

世說文學篇云：

初，注莊子者數十家，莫能究其旨要。向秀於舊注外爲解義，妙析奇致，大暢玄風。

注引秀別傳曰：

秀本傳或言「秀遊託數賢，蕭屑卒歲，都無注述，唯好莊子，聊隱崔譔所注，以備遺忘」云。

在向秀以前，注莊子的絕沒有數十家，這是可以肯定講的，臨川此說，可能只是假想之辭。像崔譔，經典釋文序錄以其爲「晉議郞」，且可能受了秀別傳所說的影響，而放在向秀之前；隋志則不知何據，稱之爲「東晉議郞」，置於向秀之後，很難講那一種說法比較可信。不過一直到正始之時，莊說開始流行以前，這一時期，在莊學史上，幾乎是一片空白。

正始談風的主要課題是老易，魏志卷九何晏傳曰：

晏之少以才秀知名，好老莊言，作道德論，及諸文賦，著述凡數十篇。

又世說文學篇注引王弼別傳曰：

弼……少而察惠，十餘歲便好莊老，通辯能言。

平叔、輔嗣的好老氏，是事實；他們的好莊，却似乎說得太過份了一點。魏志卷二十八鍾會傳注引何劭王弼傳，稱「何晏以爲聖人无喜怒哀樂」，馮芝生氏推測其大意，認爲大概是「先秦道家所持以理化情，或以情從理之說」，因爲「照莊子的說法，人的感情，如喜怒哀樂，起於人對於事物底不了解。聖人對於事物有完全底了解，所以哀樂不能入」，莊子養生主所講之「哀樂不能入」，「就是無哀樂，也就是無情。聖人所以無情，並不是頑冥不靈，如所謂槁木死灰，而是其情爲其了解所融化，此所謂以理化情」(註三)，我們承認平叔這種理論，可能是從莊子思想中化出來的，然而也只是有這種可能，而非一定是如此。輔嗣則除了在周易略例明象，舉莊子外物兎蹄魚筌之例，以明言象意外，也別無確切之資料可以證明他是如何地好莊。在正始談坐中，既無顯明的例子，足以說明那些談士曾以莊子，或書中某一點作爲談論的課題。然在正始這一朝，莊書固吸引了不少人，人們開始愛好，從而研究，再進而發揚，也是一個事實，阮籍、嵇康、呂安和向秀，就是見於記載中的幾個人。

阮籍，字嗣宗，既有通易，通老，又撰達莊論，此爲論莊之最早專門之作，論曰：

平晝閒居，隱几而彈琴。於是，縉紳好事之徒相與聞之，共議撰辭合句，啓所常疑。乃闚鑒整飾，嚼齒先引，推年躡踵，相隨俱進，奕奕然步，膈膈然視，投跡蹈階，趨而翔至，差肩而坐，恭袖而檢，猶豫相臨，莫肯先占。有一人，是其中雄桀也，乃怒目擊勢而大言曰：「吾生乎唐虞之後，長乎文武之裔，遊乎成康之隆，盛乎今者之世，誦乎六經之教，習乎吾儒之迹，被裒衣，冠飛翮，垂曲裙，揚雙鶡有日矣。而未聞乎至道之要，有以異之於斯乎！且大人稱之，細人承之，願聞至教，以發其疑。」先生曰：「何哉子之所疑者？」客曰「天道貴生，地道貴貞，聖人脩之，以建其名。吉凶有分，是非有經，務利高勢，惡死重生，故天下安而大功成也。今莊周乃齊禍福而一死生，以天地爲一物，以萬類爲一指。無乃激惑以失貞，而自以爲誠是也？」

嗣宗稱引莊說，在其時，自爲一極其大膽的行爲，故而責難鋒起，設莊旨早經流通，當不至如此。論又曰：

天地生於自然，萬物生於天地。自然者無外，故天地名焉；天地者有內，故萬物生焉。當其無外，誰謂異乎？當其有內，誰謂殊乎？地流其燥，天抗其溼；月東出，日西入；隨以相從，解而後合。升謂之陽，降謂之陰；在地謂之理，在天謂之文；蒸謂之雨，散謂之風，炎謂之火，凝謂之氷；形謂之石，象謂之星；朔謂之朝，晦謂之冥；通謂之川，回謂之淵；平謂之土，積謂之山。男女同位，山澤通氣，雷風不相射，水火不相薄；天地合其德，日月順其光。自然一體，則萬物經其常。入謂之幽，出謂之章。一氣盛衰，變化而不傷。是以重陰雷電，非異出也；天地日月，非殊物也。故曰：自其異者視之，則肝膽楚越也；自其同者視之，則萬物一體也。人生天地之中，體自然之形。身者，陰陽之積氣也；性者，五行之正性也；情者，遊魂之變欲也；神者，天地之所以馭者也。以生言之，則物無不壽；推之以死，則物無不夭。自小視之，則萬物莫不小；由大觀之，則萬無莫不大。殤子爲壽，彭祖爲夭；秋毫爲大，泰山爲小。故以死生爲一貫，是非爲一條也。別而言之，則鬚眉異名，合而說之，則體之一毛也。彼六經之言，分處之教也；莊周之云，致意之辭也。大而臨之，則至極無外；小而理之，則物有其制。夫守什五之數，審左右之名，一曲之說也；循自然，性天地者，寥廓之談也。凡耳目之官，名分之施，處官不易司，舉奉其身，非以絕手足，裂肢體也，然後世之好異者，不顧其本，各言我而已矣，何待於彼，殘生害性，還爲讎敵，斷割肢體，不以爲痛，目視色而不顧耳之所聞，耳所聽而不待心之所思，心欲奔而不適性之所安，故疾病萌則生意盡，禍亂作則萬物殘矣。至人者，恬於生而靜於死，生恬則情不惑，死靜則神不離，故能與陰陽化而不易，從天地變而不移，生究其壽，死循其宜，心氣平治，消息不虧。是以廣成子處崆峒之山，以入無窮之門；軒轅登崑崙之阜，而遺玄珠之根，此則潛身者易以爲活，而離本者難以永存也。馮夷不過海若，則不以己爲小；雲將不失於鴻濛，則無以知其少，由斯言之，自是者不章，自建者不立，守其有者有據，持其無者無執，月弦則滿，日朝則虧，咸池不留陽谷之上，而懸車之後將入也。故求得者喪，爭明者失，無欲者自足，空虛者受實。夫山靜而谷深者，自然之道也；得之道而正者，君子之實也。是以作智造巧者害於物，明著是非者危其身，脩飾以顯潔者惑於生，畏死而樂生者失其眞。故自然之理不得作，天地不泰，而日月爭隨；朝夕失期，而晝夜無分；競逐趨利，舛倚橫馳；父子不合，君臣乖離。故復言以求信者，梁下之誠也；克己以爲人者，郭外之仁也；竊其雉經者，亡家之子也；刳腹割肌者，亂國之臣也；曜菁華，被流瀣者，昏世之士也；履霜露，蒙塵埃者，貪冒之民也；潔己以尤世，脩身以明洿者，誹謗之屬也；繁稱是非，背質追文者，迷罔之倫也；成非媚悅，以容求孚，故被珠玉，以赴水火者，桀紂之終也；含菽采薇，交餓而死，顏夷之窮也。是以名利之塗開，則忠信之誠薄；是非之辭著，則醇厚之情爍也。故至道之極，混一不分，同爲一體，得失無聞。伏羲氏結繩，神農教耕，逆之者死，順之者生，又安知貪洿之爲罰，而貞白之爲名乎，使至德之要，無外而已，大均淳固，不貳其紀，淸淨寂寞，空豁以俟，善惡莫之分，是非無所爭，故萬物反其所而得其情也。……是以山中之木、本大而莫相；吹萬數竅相和，忽焉自已。夫鴈之不存，無其質而濁其文。死生無變，而龜之見寶，知吉凶也。故至人淸其質而濁其文，死生無變，而未始有云。夫別言者，壞道之談也；折辯者，毀德之端也；氣分者，一身之疾也；二心者，萬物之患也。……莊周見其若此，故述道德之妙，敍無爲之本，寓言以廣之，假物以延之，聊以娛無爲之心，而逍遙於一世，豈將以希咸陽之門，而與稷下爭辯也哉。夫善接人者，導焉而已，無所逆之……。因其所以來，用其所以至，循而泰之，使自居之，發而開之，使自舒之。且莊周之書，何足道哉？猶未聞夫太始之論，玄古之微言乎，直能不害於物，而形以生；物無所毀，而神以淸，形神在我而道德成，忠信不離而上下平，茲客今談而同古，齊說而意殊，是心能守其本，而口發不相須也。

嗣宗認爲「彼六經之言，分處之教也；莊周之云，致意之辭也」。而達莊一論，主旨亦在致意。且嗣宗眞能領略莊生蹄筌之喻，不像輔嗣但在文字上立義，懸空來講(註四)，而能將之落實，尤其在此論的後半段，說明所以處世處人之道，再比照他在現實世界中，旣參與司馬氏之謀議，復佯作「宏達不羈，不拘禮俗」，而「言及玄遠，未嘗評論時事」(註五)，可以看出他確能做到他所神會的莊旨，他答伏羲書云：

夫人之立節也，將舒網以籠世，豈樽樽以入罔？方開模以範俗，何暇毀質以適檢？若良運未協，神機無准，則騰精抗志，邈世高超，蕩精舉於玄區之表，攄妙節於九垓之外，而翱翔之，乘景躍踸，踔陵忽慌，從容與道化同逌，逍遙與日月竝流，交名虛以齊變，及英祇以等化，上乎無上，下乎無下，居乎無室，出乎無門，齊萬物之去留，隨六氣之虛盈，總玄綱於太極，撫天一於寥廓，飄埃不能揚其波，飛塵不能垢其潔，徒寄形軀於斯域，何精神之可察，雖業無不聞，略無不稱，而明有所逮，未可怪也。

又其大人先生傳：

大人先生蓋老人也，不知姓字。……以萬里爲一步，以千歲爲一朝，行不赴而居不處，求乎大道而無所寓。先生以應變順和，天地爲家，運去勢隤，魁然獨存，自以爲能足與造化推移，故默然探道德，不與世同，自好者非之，無識者怪之，不知其變化神微也，而先生不以世之非怪而易其務也。先生以爲中區之在天下，曾不若蠅蚊之着帷，故終不以爲事，而極竟乎異方奇域，遊覽觀樂，非世所見，徘徊無所。……夫大人者，乃與造物同體，天地竝生，逍遙浮世，與道俱成，變化散聚，不常其形，天地制域於內，而浮明開達於外，天地之永固，非世俗之所及也。

至於世俗之所謂君子，在他看來，不過如褌中之虱，他繼續說：

且汝獨不見夫虱之處於褌中，逃乎深縫，匿乎壞絮，自以為吉宅也。行不敢離縫際，動不敢出褌襠，自以為得繩墨也。饑則嚙人，自以為無窮食也。然炎丘火流，焦邑滅都，羣虱死於褌中，而不能出。汝君子之處區內，亦何異夫虱之處褌中乎！悲夫！而乃自以為遠禍近福，堅無窮已。

嗣宗之思想，由儒而老，而莊，似有明顯之迹象可尋(註六)。然而不論他於儒，於老，於莊，所講求的，不是「理」，不是知識上的，而屬價值上的，基於用的立場，他不過想從前人思想中，探尋他處人處世所應遵循之道途(註七)。在這方面，他可以說是很成功的，他對他所處的時代認識是如此地透澈，使他不獨能享盛名，却能不為盛名所累，較之嵇康、呂安，其成敗，固不可以道里計了。雖然這兩人，同樣地好讀莊老，也同樣地重得意。

叔夜與山巨源絕交書云：

少加孤露，母兄見驕，不涉經學，又讀莊老，重增其放。

又曰：

老子莊周，是吾師也。

魏志卷二十一王粲傳注引嵇喜為康傳亦曰：

家世儒學，……長而好老莊之業，恬靜無欲，性好服食，常採御上藥。

他之好莊老，只是後來之事，他在幽憤詩中卽說：

爰及冠帶，憑寵自放，抗心希古，任其所尙，託好老莊，賤物貴身，志在守樸，養素全眞。

今按康旣冠之年，在正始五年，則他的好老莊，自在正始以後，與嗣宗思想轉變之時間，闇相符合（註八）。世說文學篇注引向秀別傳曰：

秀將注莊子，先以告（嵇）康、（呂）安，康、安咸曰：「書詎復須注，徒棄人作樂事耳！」及成，以示二子，康曰：「爾故復勝不？」安乃驚曰：「莊周不死矣！」

秀雅好讀書而注莊，康、安則以書詎復須注，徒棄人作樂事爲說。這樣看來，康、安的讀莊，在求得意，而秀則主求解。這在他們的著作中亦可以求得證明，嵇康聲無哀樂論曰：

夫推類辨物，當先求之自然之理，理已足，然後借古義以明之耳。今未得之於心，而多恃前言以爲談證，自此以往，恐巧厤不能紀耳。

又答難養生論曰：

夫至理誠微，善溺於世，然或可求諸身而後悟，校外理以知之。

康講自然之理，然而他所講的理，不必外求，而本身卽已具足，文心雕龍才略篇稱康「師心以遣論」，卽譏刺他這種師心自用的說法。因之，康雖好說理，事實上，不過是假莊理來明他，而非像嗣宗之讀莊，在領略莊旨，在得莊意；嵇康所得之意，則全然是他自己的意，而非莊意，落到現實上，自然有兩種不同的結果了。

向秀則不同，他難嵇康的養生論曰：

導養得理，以盡性命，上獲千餘歲，下可數百年，未盡善也。若信可然，當有得者，此人何在？目未之見，此殆影響之論，可言而不可得。

秀譏刺康所說，但影響之論，可言而不可得。以爲自然者，非出於我心之自然，而是事理之實然，天理之自然。以爲「有生則有情，稱情則自然」，如康之養生，但「背情失性，而不本天理」，是說不通的，故曰：「以此養生，未聞其宜」（註九）。這不僅是秀講養生之理的態度，實際上也是他爲人處世的態度；不僅是他爲人處世的態度，也是他注莊的態度。世說文學篇云：

初，注莊子者數十家，莫能究其旨要。向秀於舊注外爲解義，妙析奇致，大暢玄風。

注引秀別傳曰：

秀本傳或言：「秀游託數賢，蕭屑卒歲，都無注述，唯好莊子，聊隱崔譔所注，以備遺忘」云。

照我在前面推究所得的結論，在向秀注莊以前，若說是已有注莊子者數十家，是絕對難以置信的。崔譔所注，或是否有所謂舊注存在於向注之前，也是一個疑問。無論如何，向秀之莊子注，卽不是最早的莊子注，也是發明莊義最早也極其成功的一種，劉注又引竹林七賢論曰：

秀爲此義，讀之者無不超然，若已出塵埃而窺絕冥，始了視聽之表，有神德玄哲，能遺天下，外萬物，雖復使動競之人，顧觀所徇，皆悵然自有振拔之情矣。

向秀莊注，無疑義地，在當時有極高的評價。他與嵇康，相信在談論這一方面，都欠缺才能（註一〇），而在製作論注的文字方面，却給了他們補償，叔夜的諸論，子期的莊注，就是最好的說明。列子黃帝篇注引秀曰：

同是形色之物耳，未足以相先也。以相先者，唯自然也。

從子期看來，自然是超乎形色之物，而先於形色之物而有的，他之確定這一點，在他思想的脈絡上，極其重要。天瑞篇「故生物者不生，化物者不化」（張湛注謂「莊子亦有此言」，然今本莊子無）注引秀曰：

吾之生也，非吾之所生，則生自生耳。生生者豈有物哉？故不生也。吾之化也，非物之所化，則化自化耳。化化者豈有物哉？無物也，故不化焉。若使生物者亦生，化物者亦化，則與物俱化，亦奚異於物？明夫不生不化者，然後能為生化之本也。

既謂「生生者豈有物哉？故不生；化化者豈有物哉？故不化」，似更別無一生生化化者。然彼意實在明此生物化物者本身之不生不化，唯明夫其不生不化，始是能為「生化之本」。尋考天瑞篇原意，亦正如是，其言曰：「有生不生（原注：生物而不自生者也。），有化不化（原注：化物而不自化者也。）。不生者能生生（原注：不生者，固生物之宗。），不化者能化化（原注：不化者，固化物之主。）生者不能不生，化者不能不化（原注：生者非能生而生，化者非能化而化也，直自不得不生，不得不化者也。）故常生常化。常生常化者，無時不生，無時不化。陰陽爾，四時爾，不生者疑獨（原注：不生之主，豈可實而驗哉？疑其冥一而無始終也。），不化者往復。往復，其際不可終，疑獨，其道不可窮。……故生物者不生，化物者不化。」處度之注此章，亦發明此不生不化者之能生生化化，既引子期之說，當亦謂其說有足資發明其理者，然此處所引之不生不化而為生化之本，是否即前引先形色之物而存有之自然，已不可考。又陸德明莊子音義引秀釋罔兩曰：

景之景也。

既爲景之景，則後景自待前景而後生，是亦謂罔兩自待景而後生。

從前面所引向秀之莊注，可以看出秀之心目中，認爲萬事萬物都不是自然自爾而生而有的，它都是有所本，形色之物之先有自然，生化之先，有一不生不化者先它而存在，甚至罔兩亦待景而生。

向秀莊注雖然極受當時人的重視，可惜早已亡佚，而關于向注着落的傳說，最早的，是世說文學篇，說云：

> 向秀於舊注外爲解義，妙析奇致，大暢玄風。惟秋水、至樂二篇未竟而秀卒，秀子幼，義遂零落，然猶有別本。郭象者，爲人薄行，有儁才，見秀義不傳於世，遂竊以爲己注，乃自注秋水、至樂二篇，又易馬蹄一篇，其餘衆篇，或定點文句而已。後秀義別本出，故今有向、郭二莊，其義一也。

就此而論，實有可疑。秀別傳明言秀注莊成，以示康、安，是秀注本爲完篇；今則曰尚遺秋水、至樂二篇未竟而秀卒。不知誰是？而經典釋文敍錄云：「自餘或有外而無雜。」並引崔、向二家之注云：

> 崔譔注十卷二十七篇（內篇七外篇二十）

向秀注二十卷二十六篇（一作二十七篇一作二十八篇亦無雜篇）釋文明崔、向注無雜，而郭注有之，似向、郭二注亦有不同。然向之雜篇注散見於諸家稱引者亦自不少，故此說亦不能成立。而從世說開始，郭象莊注是否竊自向秀，遂成爲爭論之點，討論者雖多(註一二)，問題依然沒有能夠澈底地解決，因爲郭注中固多有與向注文義全同者，或文異而義同者(註一三)，然在我看來，兩家的根本義確有着極大的歧異之處。向秀以自然先於形色之物，不生不化之爲生化之本，景先於罔兩，這在前面已說得很清楚了，再看郭象的講法，我們可以莊注來說明。庚桑楚「有不能以有爲有，必出乎无有」注：

夫有之未生，以何爲生乎？故必自有耳。豈有之能有乎？此所以明有之不能爲有而自有耳。

有之必待自有而有，无有以相先，即使道亦沒有例外，則陽篇「道故不可有，有不可无」注：

道故不能使有，而有者常自然也。

雖道亦无能使有，而有者常自然，齊物論「夫吹萬不同，而使其自己也」注解釋說：

无既无矣，則不能生有；有之未生，又不能爲生。然則生生者何哉？塊然而自生耳。自生耳，非我生也；我既不能生物，物亦不能生我，則我自然矣。天然耳，非爲也，故物各自生，而無所生焉，此天道也。

天道孔明，而物以自生，有者常自然者，塊然而自生耳，此卽所以爲自然。以唯此始足以生，而他無所出。知北遊「天不得不高，萬物不得不昌，此其道與」注：

言此皆不得不然而自然耳，非道能使然也。

又齊物論「非彼无我，非我无所取，是亦近矣」注：

彼自然也。自然生我，我自然生。故自然者，卽我之自然，豈遠之哉！

此但言有之爲有，不得不然，自己而然，而物各自生，不假他力，意甚明顯。知北遊「有先天地生物者邪，物物者非物，猶其有物也，无已」注：

誰得先物者乎哉？吾以陰陽爲先物，而陰陽者，卽所謂物耳；誰又先陰陽者乎？吾以自然爲先之，而自然卽物之自爾耳；吾以至道爲先之矣，而至道者，乃至无也；既以无矣，又奚爲先？然則先物者誰乎哉？而猶有物，无已。明物之自然，非有使然也。

是舉天地間无有足以先物者也，子玄以自然卽物之自爾，以修正子期以自然先於形色之物的說法，而主張忽然以自爾，同篇「彼爲積散非積散」注：

既明物物者无物，又明物之不能自物，則爲之者誰乎哉？皆忽然而自爾也。

故郭注特强調无物以相先的理論，他注達生篇「夫奚足以至乎先，是色而已」，卽删去向注「同是形色之物耳，未足以相先也。以相先者，唯自然也」中「以相先者，唯自然也」一句，最可見出子玄精神之所在。子玄之意，非僅形色之物皆自然以生，未足以相先，卽非形色之物，如陰陽、自然、至道，亦以或所謂物，或隨物之生而俱來，仍不足以相先。物之先固非有物，物之主，亦自爾耳，何他力之有？又注齊物論「惡識所以然，惡識所以不然」云：

> 世或謂罔兩待景，景待形，形待造物。請問乎造物者有邪？無也，則胡能造物哉？有也，則不足以物衆形。故明夫衆形之自然，自後始可與言造物耳！是以涉有物之域，雖復罔兩，未有不獨化於玄冥者也。故造化者無主，而物各自造；物各自造，而無所待焉！此天地之正也。

「世或謂罔兩待景，景待形，形待造物」，或卽指向說之謂物之生化有待於造物主，罔兩之待景。子玄之意，以爲物但塊然自生，無所他待，並無有造物主存乎其先，因之前說自亦難立，遂而云：

> 故彼我相因，形景俱生，雖復玄合，自非待也。明斯理也，將使萬物各反所宗於體中，而不待乎外。外無所謝，而內無所矜，是以誘然皆生，而不知所以生；同焉皆得，而不知

所以得也。今罔兩之待景，猶云俱生而非得也，則萬物雖聚而共成乎天，而皆歷然莫不獨見矣。故罔兩非景之所制，而景非形之所使，形非无之所化也。則化與不化，然與不然，與人之與由己，莫不自爾，吾安識其所以哉！

是以他注「罔兩待景」曰：

罔兩，景外之微陰也。

既爲景外之微陰，則俱生而無待，亦猶自然之與形色之物，莫能相先也。

由於上面的分析，我們可以知道，郭象對於向注，非但如唐修晉書向秀傳所說的「又述而廣之」，且可說是並加以理論上的根本修正。

子玄認爲有之初，是一，一爲至妙之物，而起于至一，並不是无，根本否認了「无」對於「有」所具備的價値和意義，天地「一之所起，有一，而未形」注。

一者，有之初，至妙者也，故未有物理之形耳。夫一之所起，起于至一，非起于无也。

所謂一，只是至妙之物，不是无，也不是有，因爲无不能生有，有也不能生有，庚桑楚「有不能以有爲有，必出乎有有」注：

夫有之未生，以何爲生乎？故必自爲耳。豈有之能有乎？此所以明有之不能爲有而自有耳！此謂无能爲有也，若无能爲有，則何謂无乎？

有无只是絕對的有无，而有異於正始諸家所認爲有无只是相對的有无。因之，无固不能爲有，而有亦不得爲无，郭子玄特別强調此點。馮芝生氏以其只講先秦道家之所謂「有」，而不講先秦道家所謂之「無」，根本沒有「有」與「無」的對立，認爲子玄才是眞正的崇有論者（註十二），可以說是完全沒有能了解子玄之意，不過是想當然耳。知北遊「无古无今，无始无終」注：

非唯无不得化而爲有也，有也不得化而爲无矣！是以无有之爲物，雖千變萬化，而不得一爲无也。不得一爲无，故自古无未有之時而常存也。

「自古无未有之時而常存」，顯示混沌未化的太始，而萬物却由此中生。同時，道是無所不在的，雖然「道」只是「无」，然而就因它是「无」而成其爲「道」。大宗師「在太極之先，而不爲高，……長於上古而不爲老」注：

言道之无所不在也。故在高爲无高，在深爲无深，在久爲无久，在老爲无老，无所不在，而所在皆无也。

在這種情形下，所以道不能使有，以其本身只是无也，又「狶韋氏得之以挈天地……而比於列星」注：

道無能也。此言得之於道，乃所以明其自得耳。自得耳，道不能使之得也。我之未得，又不能為得也。然則凡得之者，外不資於道，內不由於己，掘然自得而獨化也。

忽然自爾，塊然自生，絲毫沒有選擇的餘地，或為鯤鵬，或為蜩鳩，完全是命，寓言篇「莫知其所始，若之何其有命也」注：

不知其所以為而然，謂之命。似若有意也，故又遺命之名，以明其自爾，而後命理全也。

命該如此，既不能加，又不能逃，這就是郭子玄的宿命論，養生主「是遯天倍情，忘其所受」注：

天性所受，各有本分，不可逃，亦不可加。

我們可以用「獨化」來說明一切，獨化而生，獨化而死，知北遊「不以生生死，不以死死生」注：

夫死者獨化而死耳，非乎生者生此死也；生者亦獨化而生耳。

這是命，而不是道。以道只明其所由，而無能於命運之必然。子玄注大宗師「比於列星」云：

外不資於道，內不由於己，掘然自得而獨化也。

夫生之難也，猶獨化而自得之矣，既得其生，又何患於生之不得而爲之哉！故爲生，果不足以全生，以其生之不由於己爲也，而爲之則傷其眞生也。

外不賓於道，內不由於己，獨化而自得其生。然而既生之後，達其本分，則傷眞生，而不能如物之盡逍遙也。逍遙遊「不失斤斧，物无害者，无所可用，安所困苦哉」注：

夫大小之物，苟失其極，則利害之理均；用得其所，則物皆逍遙也。

所以郭注達生篇之主旨曰：

善養生者，各任性分之適而至矣。

各任性分之適，就是自得，乃可逍遙而獨化。萬物的無智無爲，故可達到此一地步；人類則以有智有爲，反以害生。再看看那些善養生者如何地任性分之所適，至樂篇「天下有至樂，无有哉；有可以治身者，无有哉」注：

忘歡而後樂足，樂足而後身存。將以爲有樂耶？而至樂無歡；將以爲無樂耶？而身以存而無憂。

此顯然與嵇叔夜的說法相同，即「外物以累心不存」，以期無爲自得，體妙而心玄，得樂中三味，雖身存而無憂。又「人之生也，與憂俱生……其爲形也亦遠矣」注：

夫遺生然後能忘憂，忘憂而後身可樂，身可樂而後形。是我有富、是我物貴、是我榮也。

所謂遺生、忘憂、樂至、形立、實一而四，四而一者，而遺生則尤爲關鍵所在，既能遺生，自然無憂、至樂，而得形，到了這種境界時，眞如知北遊「其來无迹，其往无崖，无門无房，四達之皇皇也」注所說：

夫率自然之性，遊無迹之塗者，放形骸於天地之間，寄精神於八方之表。是以无門无房，四達皇皇，逍遙六合，與化偕行也。

是爲能任性分之適而至矣，善養生者所以異於有智有爲的，亦在於能否體念這種「至樂無憂」的境地。莊子中的至人，阮嗣宗、劉伯倫的大人先生，亦莫非想爲此一理想寫照。塑出他們心目中所認爲「至樂無憂」的人來。

郭象不僅在理論上有很大的成就，在談坐中，也極其活躍，世說文學篇注引文士傳曰：

象字子玄，河南人。少有才理，慕道好學，託志老莊，時人咸以爲王弼之亞。辟司空掾，太學博士。

又曰：

象作莊子注，最有清辭遒旨。

賞譽篇曰：

郭子玄有儁才，能言老莊。庾敳嘗稱之，每曰：「郭子玄何必減庾子嵩！」

注引名士傳曰：

郭象字子玄，黃門郎，爲太傅主簿，任事用勢，傾動一府。敳謂象曰：「卿自是當世大才，我疇昔之意，都已盡矣。」其伏理推心，皆此類也。

又文學篇：

裴散騎娶王太尉女，婚後三日，諸壻大會。當時名士，王、裴子弟皆悉集。郭子玄在坐，挑與裴談。子玄才甚豐贍，始數交，未快，郭陳張甚盛，裴徐理前語，理甚微，四坐咨嗟稱快，王亦以爲奇，謂諸人曰：「君輩勿爲爾，將受困寡人女壻。」

注引晉諸公贊曰：「裴遐字叔道，河東人。……遐少有理稱，司空掾，散騎郎。」又引鄧粲晉紀曰：「遐以辯論爲業，善敍名理，辭氣淸暢，冷然若琴，聞其言者，知與不知，無不歎服。」子玄之對手如此，其失敗也就無話可說了。不過在當時，子玄的聲望是很高的，他的任事用勢，幫助了他獲致盛名。他固然不是一流談士，因他才甚豐贍，而正始以下的淸言一支，講究的是言辭簡至不煩。然却因他才甚豐贍，將莊子帶進了談坐，這是阮嗣宗、向子期所未能做到的。時人以他爲「王弼之亞」，可說是最恰切的讚譽，一以莊而一以老，炳耀千古，而永垂不朽。

而從這時開始，莊學遂成爲談論中不可缺少的重要課題，給談坐注進了新的內容，也給談坐帶來了新的生命。

(註一) 嚴靈峯列子莊子知見書目收蒐極見精富，然於漢時，不過得此兩種。

(註二) 參見錢師賓四郭象莊子注中之自然義，莊老通辨頁三八五——七。

(註三) 馮友蘭新原道頁一三三——四。

(註四) 王弼周易略例明象篇，謂「猶蹄者所以在兔，得兔而忘蹄；筌者所以在魚，得魚而忘筌也。然則言者，象之蹄也；象者，意之筌也」，是但用莊子外物篇中蹄兔筌魚之喻，來說明言、象、意間之關係。

(註五) 參看拙著竹林七賢研究頁三〇——八。

(註六) 參看拙著竹林七賢研究頁二七——九，又頁一五八——六〇。

(註七) 參看拙著竹林七賢研究頁二一——六，又頁三五——八。

(註八) 竹林七賢研究頁一五八——六〇。

(註九) 竹林七賢研究頁一一三。

(註一〇) 這可以從以下兩點來加以證明：(一) 他們的善談，不見於時人及後人的記載。(二) 二人極見親近，然論養生，却出之以文，與何晏、王弼之情形全然相異。以何、王雖共論聖人之有无喜怒哀樂，但談論而未見成文也。

(註一一) 竹林七賢研究頁一一五——八。

(註一二) 馮友蘭新原道頁一三六。

六　理與論注

魏晉談論，所談的是天之道、地之道、和人之道，而不是天、地、人。這些天之道、地之道、和人之道，照前面的講法，它假借了注，和論的形式而出，這是不錯的。不過在這裏，我願提出一個關於談論課題、內容的新假說，來探索其間的關係和變化。

在魏晉談風開始以前，人們所談的，只是某一個人，某一件事，和某一個問題，換句話說，卽是就人論人，就事論事，諸如人物批評，操行和才能孰先孰後，孰輕孰重等問題。一直要等到太和初年，荀粲入京，才帶給京師一新的刺激，魏志卷十注引何劭荀粲別傳曰：

粲諸兄並以儒術論議，而粲獨好言道。常以為子貢稱夫子之言性與天道不可得而聞，然則六籍雖存，固聖人之糠粃。粲兄俁難曰：「易亦云：聖人立象以盡意，繫辭焉以盡言。則微言胡為不可得而聞見哉？」粲答曰：「蓋理之微者，非物象之所擧也。今稱立象以盡意，此非通于意外者也；繫辭焉以盡言，此非言乎繫表者也。斯則象外之意、繫表之言、固蘊而不出矣。」及當時能言者不能屈也。

荀粲革命性的言論，和革命性的思想，使得京師的人，知道人事之外，還有聖人所不言的性與天道；除了物象，還有象外之意，繫表之言，而這都是非物象所擧，非人事所包，蘊而不出的「理之微」者，才眞正是聖人精義所在。並提出了「理」之一字，理在「兩漢以前，載籍之見用者，粗可分爲兩支。莊子養生主以天理明其固然，循是以迄外雜篇、呂覽、韓非、淮南而下之後起治道家言者，莫非遵此塗轍。至晚出之儒家：荀卿、易傳、小戴記，則或以事理說其分宜，或以言性命之所歸；或即曰文理以養情，然則其時言理以表意者初不多覯。輔嗣出乃廣其用，子玄縱之，遂爲解說天地間一切自然變化之根本概念」(註二)，不過此「理」只是用「理」爲詞，依傍成文；彼「理」則具獨立性，本身代表一完整之意義，不僅用爲「解說天地間一切自然變化之根本概念」，而且立己破他，純爲談論而設。約當荀粲入京以後，京師談坐中所談的，遂而從談人事，談物象，轉而爲談「理」。

此「理」既爲談論而造，雖然此理不是終極之理，也不可能是終極之理，但是只要能立己破他，也就達到了目的，世說文學篇云：

何晏爲吏部尙書，有位望。時談客盈坐，王弼未弱冠，往見之。晏聞弼名，因條向者勝理語弼曰：「此理，僕以爲極可，得復難不？」弼便作難，一坐人便以爲屈。於是，弼自爲客主數番，皆一坐所不及。

這是一個很好的例子，談坐中所求，亦不過是求得個勝理而已。有時，某「理」極其精彩，也極可玩味，引起談論的也最多，既爲時人所注心，遂成世之名「理」。此名理，不是郭象注天下篇所說的「辯名析理」，一般人也似乎把它想得太深了一些，事實上，它不過是說此理聞名於世。唐虞世南有北堂書鈔一百六十卷，蓋世南爲隋秘書郎時所撰，原本雖爲明陳禹謨所竄改，固多存其舊，卷九十九藝文部五有名理一章，今並孔廣陶校註而俱錄之於後，用以考見前朝名理之大概：

形之所宗者道　韓注易繫云：「象之所歸者一。」○今案見「雜物撰德」節韓注。

道之所貴者時　春秋穀梁傳云：「信之所以爲信者，道也。信而不道，何以爲信？道之所貴者，時也。」○今案兪本、陳本俱作「何以爲道」，考今本穀梁僖公廿二年傳亦然，但上文「言而不信，何以爲言」，則此當作「信而不道，何以爲信」乃合句例。王文簡經義述聞援引舊鈔，最見精確。

成性存存，道義之門　易繫辭云云。此明虛無之理，能生萬物之性，成人也。○今案「此明」以下是虞永興引申語，原鈔漏「謹案」二字。

無形之類，自然之根　張衡玄序云：「玄者，無形之類，自然之根，作於太和，莫與爲隣。」

人能弘道，非道弘人　論語何注曰：「才大者，道隨大；才小者，道隨小，故不能弘人也。」○今案陳本刪此條，俞本與本鈔同。考衞靈集解引此文，則「何」字作「王」。

道不遠人，人之爲道而遠　中庸云。鄭注云：「道則不遠人，人不能行也。」○今案陳本、俞本皆刪此條。

至靈而善應，則以道爲稱；不思而玄覽，則以神爲名　韓注易繫辭。○今案此見「陰陽不測之謂神」句。韓注「靈」作「虛」，餘同。

闇猶火見，非火見闇，機由神知，非神知機　盧播神不知神諭曰：「生由水潤，非水潤生；闇由火見，非火見闇；機由神知，非神知機。」○今案陳本、俞本俱脫「神不知神諭」五字，竊疑「諭」當作「論」。

道爲知者設，馬爲御者良　蔡邕連珠云：「道爲知者設，馬爲御者良，賢爲聖者用，辨爲知者通。」○今案黃蕘圃所藏明刻蔡中郎集脫此條，考百三家本「連」上有「廣」字，餘同。

易則易知，簡則易從　易繫辭云：「易知則有親；易從則有功。有親則可久；有功則可大。可久則賢人之德；可大則賢人之業。」

同歸而殊途，一致而百慮　易繫辭云：「天下何思何慮。」韓注曰：「夫少則得，多則惑故也。」○今案陳本，兪本均無「故也」二字，今本注疏亦然，又「惑」作「感」，惟陳本仍作「惑」。

方以類聚，物以羣分　易繫辭：「吉凶生焉。」王肅注：「方，道也。鳥同翼者，相從飛；獸同足者，相從遊，是類聚也。飛走合宜，羣從適順。順其所同，則吉；乖其所趣，則凶，是吉凶生者也。」○今案陳本、兪本俱改引韓注，非也。玉函山房輯易王肅注，亦脫此條。

約以存博，簡以濟衆　王弼周易略例云：「煩而不憂亂，變而不憂惑。約以存博，簡以濟衆。」○今案陳本、兪本「煩」皆作「繁」。

大器晚成，大象無形　老子云。○今案，見老子同異篇第四十一。

少者，多之所貴；寡者，衆之所宗　王弼易略例云。

時有否泰，用有行藏　王弼易略例云。

隨性命以曲成，故圓形而方立　陸機遂志賦。○今案陳本、兪本脫「遂志」二字，考百三家陸平原集遂志賦「命」作「類」，餘同。

投兵散地，六親不能相保；同舟而濟，胡越何患異心　王弼易略例云。○今案陳本、兪本「兵」作「戈」又「六」上，「胡」上皆有「則」字。

一眞起而萬僞動，一利立而萬詐生　任子云：「有黃金，則偷石□；有明珠，則魚眼與故一眞起而萬僞動，一利立而萬詐生也。」○今案陳本但注「任子」二字。兪本「偷」作「鍮」，「眼與」作「目瀰」。馬竹吾輯任子道論一卷，與兪本同。

幾者，動之微，吉之先見　易繫解云。韓注云：「幾者，去無入有，理而无形，不可以名尋，不可以形覩。唯神也，昭鑒於未形。合抱之木，起於毫末；吉凶之彰，始乎微兆，是吉凶之先見。」

變動以利言，吉凶以情遷　易繫辭云。韓注曰：「變而通之以盡利，故以利言也。吉凶無定，唯人所動，情順乘理以之吉，情逆違道以蹈凶，故曰：吉凶以情遷也。」○今案陳本、兪本脫「故以利言」四字。「蹈」誤「陷」，阮氏周易校勘記云：「閩監毛本作『陷』，惟岳本、宋本、古本、足利本作『蹈』，案『蹈』字是也。」

情僞相感而利害生　易繫辭云。韓注曰：「情以感物則得利，僞以感物則致害也。」○

今案兪本注「爲」字並作「僞」，陳本仍作「爲」，考「僞」「爲」古通用。

愛惡相攻而吉凶生　易繫辭云。韓注曰：「泯然同順，何吉何凶，愛惡相攻，然後順逆者殊功，而吉凶生之也。」○今案陳本、兪本脫「功」字，今本韓注亦然，阮校勘記云：「古本『殊』下有『功』字。」與本鈔脗合。

遠近相取而悔吝生　易繫辭云。謹案：「或應遠而近取，或應近而遠取，乖於本情，故致悔吝也。」○今案陳本改引韓注。

書不盡言，言不盡意　易繫辭云。謹案：「書，文字也。此明一文一字，不能盡聲聲之言。言，心之聲也。次序而說，豈能如意所包含，故是不盡也。」○今案陳本刪「謹案」以下，兪本無「易繫」四字。

天地爲爐，造化爲工　賈誼鵩鳥賦云：「天地爲爐，造化爲工，陰陽爲炭，萬物爲銅。合散消息，安有常則。」○今案陳本「鵩」誤「鵬」。

天地一指，萬物一馬　莊子云：「以指喩指之非指，不若非馬喩馬之非馬。天地，一指也；萬物，一馬也。」○王石華校標目「捐」改「指」，今案此見齊物論。陳本於第二句「不若」下多添一「以」字。

倉廩實，知禮節；衣食足，知榮辱　管子云。○今案此見牧民篇。

牆壞於有隙，木毀於有節　鬼谷子云：「木雖蠹，無風不折；牆雖隙，無雨不壞。牆壞於有隙，木毀於有節。」○今案秦氏石研齋本鬼谷子謀篇第十，脫「木雖蠹」十四字。又兩「有」字誤「其」，考意林引鬼谷子，仍作「有」，均可正今本之誤。

抱薪趨火，燥者先燃；平地注水，溼者先濡　鬼谷子云。○今案此見石研齋本摩篇第八，「燃」作「然」，餘同。

良匠不能斲冰，良冶不能鑄木　公孫尼子云。○今案陳本、俞本「尼」皆作「龍」，考漢志儒家類，有公孫尼子二十八篇，與公孫龍子不同，陳、俞改「尼」作龍，非也。馬竹吾輯公孫尼子一卷，漏收此條。

大樹將顛，非一繩所維　范後漢郭林宗傳：「徐孺子云：『為我謝郭林宗，大樹將顛，非一繩所維，何為栖栖，不遑寧處？』」○王石華校「願」改「顛」，今案見范書徐穉傳。

高巖將霣，非細縷所綴　抱朴子云：「龍門將決，非寸壤所遏，高巖將霣，非細縷所綴。」○今案見抱朴子外良規篇，平津本、金陵本，「寸」作「掬」，「將決」誤「沸騰」。

滄海橫流，則舟航濟其用；震風陵雨，而棟宇竟其功　徐邈穀梁子云。○今案陳本、俞本只注「徐邈云」三字，「陵」作「暴」。「竟」字，俞作「競」，陳作「竟」。考此蓋徐邈穀梁注序文也。又御覽四百一引法言，有「震風陵雨」四字，可借證此條「陵」字非誤。

梟脛雖短，續之則憂；鵠脛雖長，斷之則悲　莊子云。○今案此見駢拇篇，近本「鵠」作「鶴」。

翠以羽殃身，蜯以珠破體　蘇子云：「是以公孫賀得丞相而啼泣，知滿之有毀，朝之有暮也。」○今案陳本只注「蘇子」二字，俞本「朝」作「晨」，考御覽九百八十三引，「破體」誤作「致破」。

松柏之下，其草不殖　春秋左氏傳：「楚郟敖卽位，王子圍爲令尹，鄭行人子羽曰：『是謂不宜，必代之昌，松柏之下，其草不殖。』」○今案見襄公二十九年。

皮之不存，毛將安附，春秋左氏傳：「秦饑，乞糴於晉，虢射曰：『皮之不存，毛將安附。』」謹案：「晉惠公賂秦，求入以河外五城，既而不與，皮以喻城，毛以喻糴，言既背秦城，毛將安附也；雖與，猶無皮而施焉，皮之不存，毛將安附也，重釋之。」○王石華校標目子改之，「存」改「附」是也，今案見僖公十四年，近本「附」作「傅」，陳本同，但刪「晉惠」以下，並改引杜注，則非也，兪本刪「謹案」二字，又刪「焉矣」以下一十四字。

這三十八條名「理」，範圍的廣泛，內容的單純，都使人驚奇。相信是北朝所流行的名「理」，而一般說來，北朝談士似比南朝之人更為喜好「名理」一些，北齊書卷二十四杜弼傳云：

弼性好名理。……嘗與邢邵扈從東山，共論名理。邢以為「人死還生，恐為蛇畫足」，弼答曰：「蓋謂人死歸無，非有能生之力，然物之未生，本亦無也，無而能有，不以為疑，因前生後，何獨致恠？」

有關名理的記載並不很多，杜弼與邢邵共論「名理」之文是敍述其間經過情形的僅存文獻，其寶貴可知。人死之後，神是否不滅，成為佛法東來，在此土最引起爭論的一點，弘明集與廣弘明集所引諸文可見（註二）。杜弼學甚駁雜，於佛理甚精，本傳有其論佛性，法性之說，今持神不滅的說法，受邢邵的攻難，主題自是「人死還生」此一名理之能否成立。

邢云：「聖人設敎，本由勸獎，故懼以將來，理望各遂其性。」弼曰：「聖人合德天地，齊信四時，言則爲經，行則爲法，而云以虛示物，以詭勸民，將同魚腹之書，有異鑿楹之誥，安能使北辰降光，龍宮韞櫝，就如所論，福果可以鎔鑄性靈，弘獎風教，爲益之大，莫極於斯，此卽眞敎，何謂非實？」

此爲討論前的一過門，然後開始往復：

邢云：「死之言澌，精神盡也。」弼曰：「此所言澌，如射箭盡，手中盡也。小雅曰：『無草不死。』月令又云：『靡草死。』動植雖殊，亦此之類。無情之卉，尙得還生；含靈之物，何妨再造。若云草死猶有種在，則復人死亦有識。識種不見，謂以爲無者，神之在形，亦非自矚，離朱之明不能覩。雖孟軻觀眸，賢愚可察；鍾生聽曲，山水呈狀。乃神之工，豈神之質，猶玉帛之非禮，鐘鼓之非樂。以此而推，義斯見矣。」

此以「死」之名，以推「死」之理。死，澌也，澌爲何？則所執有異，其果自別，杜弼特以辭喩豐博，其理非必有以勝邢邵也。

邢云：「季札言無不之，亦言散盡，若復聚而爲物，不得言無不之也。」弼曰：「骨肉不歸於土，魂氣則無不之，此乃形墜魂遊，往而非盡，如鳥出巢，如虵出穴，由其尙有，故無所不之，若令無也，之將焉適？延陵有察微之識，知其不隨於形；仲尼發習禮之歎，美其斯與形別。若許以廓然，則人皆季子，不謂高論孰此爲無。」

邢邵之論，皆從前說「死之言澌，精神盡也」出，弼則反之，各明一理，相互對比，故知傅嘏輩之論才性同異合離，各持一理，而推論其說，情形當不甚相遠。

邢云：「神之在人，猶光之在燭，燭盡則光窮，人死則神滅。」弼曰：「舊學前儒，每有斯語，羣疑衆惑，咸由此起，蓋辨之者未精，思之者不篤，竊有末見，可以覈諸：燭則因質生光，質大光亦大；人則神，不係於形，形小神不少——故仲尼之智，必不短於長狄；孟德之雄，乃遠奇於崔琰——神之於形，亦猶君之有國，國實君之所統，君非國之所生，不與同生，孰云俱滅。」

至此皆屬正理，其後則變：

邢云：「捨此適彼，生生恒在。周孔自應同莊周之鼓缶，和桑扈之循歌。」弼曰：「共陰而息，尙有將別之悲，窮轍以遊，亦興中途之歎。況曰聯體，同氣化爲異物，稱情之服何害於聖？」邢云：「鷹化爲鳩，鼠變爲鴽，黃母爲鱉，皆是生之類也，類化而相生，猶光去如燭，復然彼燭。」弼曰：「鷹未化爲鳩，鳩則非有；鼠既二有，何可兩立？光去此燭，復然彼燭；神去此形，亦託彼形，又何惑焉！」邢云：「欲使土化爲人，木生眼鼻，造化神明，不應如此？」弼曰：「腐草爲螢，老木爲蝎，造化不能，誰其然也。」

談到此地步，可以說是各逞辭勝，而辭勝則正理失。

（弼）其後別與邢書曰：「夫建言明理，宜出典證，而違孔背釋，獨爲君子！若不師聖，物各有心，馬首欲東，誰其能禦？奚取於適衷，何貴於一？逸韻雖高，管見未喩。」前後往復再三，邢邵理屈而止。文多不載。

自然，這並非理源所歸，甚至連最勝義都說不上，徒憑口辯而已。是篇討論「名理」之文，內容雖不精彩，其時間亦嫌太遲，而所說更牽涉佛理，然而描敍得極其眞實生動，故全錄之，以見一斑。

談論的內容，旣由談物象，談人事，轉而爲談「理」，甚至談的是「名理」，然而仍有缺點，此卽「理」也好，「名理」也好，都是不成文的。除了極少數有限幾人參預了談坐，聆其音旨賞其辭喩外，他人是難以知道的，最多聽說談的是何「理」？卽使此「理」成爲世之「名理」，也不過是因對此「理」發生興趣的人多，談論的人多。其內容很少能透過空間，和時間，傳播的廣袤性和久遠性遂受到了限制。此問題之得以解決，是由於「論」和「注」的被應用，文心雕龍論說篇云：

論也者，彌綸羣言，而研精一理者也。

若夫注釋爲詞，解散論體，雜文雖異，總會是同。

贊曰：理形於言，敍理成論；詞深人天，致遠方寸。

論，是一種古老的文體，彥和明其流變曰：

莊周齊物，以論爲名；不韋春秋，六論昭列；至石渠論議，白虎通講，聚述聖言通經，論家之正體也。及班彪王命，嚴尤三將，敷述昭情，善入史體。魏之初霸，術兼名法，傅嘏、王粲，校練名理；迄至正始，務欲守文，何晏之徒，始盛玄論。於是聃、周當路，與尼父爭塗矣。

此論不同於昔日之論，「迄至正始，務欲守文，何晏之徒，始盛玄論」，如以正始以後始流行「玄論」，我想這是對的。它不同於往昔之「文論」，而具有談論上之意義。

原夫論之爲體，所以辨正然否，窮于有數，追于無形，迹堅求通，鉤深取極，乃百慮之筌蹄，萬事之權衡也。故其義貴圓通，辭忌枝碎，必使心與理合，彌縫莫見其隙；辭共心密，敵人不知所乘，斯其要也。是以論如析薪，貴能破理。斤利者越理而橫斷，辭辨者反義而取通，覽文雖巧，而撿跡如妄，唯君子能通天下之志，安可以曲論哉？

此也就是「玄論」與「文論」不同的地方。在「玄論」興起之後，很自然地，前此某些「理」或某些「名理」，現在都可以用「論」的方式，出現在人的面前，所需要的，只是加以組織、剪裁。在這方面，最有貢獻的，當是鍾會。魏志卷二十八鍾會傳曰：

鍾會，字士季，潁川長社人，太傅繇小子也。少敏慧夙成，中護軍蔣濟著論，謂觀其眸子，足以知人，會年五歲，繇遣見濟，濟甚異之，曰：「非常人也。」及壯，有才數技藝而博學，精練名理，以夜續晝，由是獲聲譽。正始中，以爲秘書郎。……會嘗論易無互體，才性同異。及會死後，于會家得書二十篇，名曰道論，而實刑名家也，其文似會。

注引何劭王弼傳曰：

何晏以爲聖人無喜怒哀樂，其論甚精，鍾會等述之。

在當時，經鍾士季組織成論之理（或名理），有三：

一曰易無互體。

二曰才性同異合離。

三曰聖人無喜怒哀樂。

其中最重要的，當是第二才性之論，魏志卷二十一傅嘏傳：嘏常論才性同異，鍾會集而論之。

注引傅子曰：

嘏既達治好正，而有淸理識要，好論才性，原本精微，尠能及之。司隸校尉鍾會年甚少嘏以明智交會。

傅子雖不曰會集而論才性，才性之論成於會手，當無可疑，以世說文學篇亦云：

鍾會撰四本論。

劉孝標注曰：

四本者，言才性同，才性異，才性合，才性離也。尙書傅嘏論同、中書令李豐論異、侍郎鍾會論合、屯騎校尉王廣論離。文多不載。

由魏而晉而南北朝，才性四本論，成爲「言家之口實，如客至之有設也」（註三），原本精微，尠能及之，故「殷中軍雖思慮通長，然於才性偏精，忽言及四本，便苦湯池鐵城，無可攻之勢」，所以說：「殷仲堪精覈玄論，人謂莫不研究，殷乃歎曰：『使我解四本，談不翅爾！』」（註四）也正因爲四本論的原本精微，非一般人所能了解；又由於劉孝標因文多而不載，竟至失傳，這眞是研究魏晉思想與談風的一大損失。

彥和復云「論」於正始前後的發展曰：

詳觀蘭石之才性，仲宣之去代，叔夜之辨聲，太初之本元，輔嗣之兩例，平叔之二論，並師心獨見，鋒穎精密，蓋人倫之英也。至如李康運命，同論衡而過之；陸機辨亡，效過秦而不及，然亦其美矣。次及宋岱，郭象，銳思於幾神之區；夷甫、裴頠，交辨於有無之域，並獨步當時，流聲後代。然滯有者全繫於形用，貴無者專守於寂寥，徒銳偏解，莫詣正理，動極神源，其般若之絕境乎？

彥和此段所說，頗多舛誤不夠謹嚴之處，如以輔嗣兩例歸於論說者是。而論既彌綸羣言，研精一理，以辨正然否，故考察其時思想，不得不從中入手；且論主立我宗義，破彼異說（註五），於研討其時談論，亦必多所涉及。劉永濟氏嘗搜撿魏晉六朝諸論之名，並加分類解說，極見完備（註六）。試取其中魏晉兩朝之論，附錄於左，以見其大凡焉：

論易學著者如下：

魏鍾會　易無互體論。亡。本傳注稱其論議以校練爲家。按凡卦爻二至四。三至五。兩體相互。各成一卦。先儒謂之互體。宋王炎問張南軒。伊川令人看王弼易注。何也。曰。不論互體故也。然則鍾論雖亡。其義當與王同也。顧炎武日知錄。稱王注一掃易學榛蕪。復引輔嗣略例曰。互體不足。遂及卦變。卦變不足。推致五行。一失其原。巧喻彌甚。可以知互體之非矣。隋志作三卷。又有易盡神論一卷。

阮籍　通易論。見全三國文。

晉荀顗　難鍾會易並互體論。亡。見晉書本傳。

宋岱　通易論。亡。見通志。

孫盛　易象妙於見形論。亡。本傳稱殷浩等無以難之。

殷浩　易象論。殘。見世說文學篇注。卽難孫之作也。大旨言吉凶屢咎。託蓍龜而見。因六爻而影。

劉俟　易象論。見世說文學篇。按世說但稱劉難孫作二百許語。辭難簡切。孫理遂屈。

紀瞻　易太極論。亡。見本傳。按榮論太極。乃老子所謂有物混成。先天地生者。瞻駁斥之。以謂太極者。極盡之稱。瞻直言理極無外而已。

顧榮　易太極論。亡。見紀瞻傳。

庾闡　蓍龜論。見藝文類聚七十五。大旨言蓍龜非神理所存。乃尋理之器。

論老莊學者如下：

魏阮籍　達莊論。見本集。

通老論。殘。見御覽引。大旨謂易之太極。春秋之元。卽老子之道也。

何晏　老子道德二論。亡。見本傳。世說文學篇曰。晏注老子未畢。見王弼自說注老子旨。何意多所短。遂不復注。因作道德論。

晉王坦之　廢莊論。亡。見本傳。稱其疾時俗放蕩而作。

戴逵　放達非道論。見本傳。大旨平衡儒道之失。近於調和之論。

支遁　逍遙論。亡。見世說文學篇注引。

李充　釋莊論。共二篇。亡。見本傳。大旨亦調和儒道二家者。

江惇　通道崇檢論。亡。見本傳。大旨以放達非但動違禮法。亦道之所棄。蓋持平之論也。

孫盛　老聃非大賢論。見廣弘明集。大旨揚儒抑道。

因尙老莊之學，於是有有無之論，其著者如下：

魏何晏　无名論。殘。見列子仲尼篇注引。

　无爲論。殘。見晉書王衍傳。

　聖人无喜怒哀樂論。亡。見魏志鍾會傳注引何劭所爲王弼傳。傳云。何晏著此論甚精。鍾會等述之。

鍾會　聖人无喜怒哀樂論。亡。見同前。

夏侯玄　本无論。亡。見魏志本傳注引魏氏春秋。

王弼　難聖人无喜怒哀樂論。殘。魏志鍾會傳注引。大旨謂聖人情與人同。但應物而無累。不可便謂不應物。

任嘏　道論。亡。殘句見北堂書鈔。

晉裴頠　崇有論。見全晉文。本傳稱其譏時俗放蕩。風教陵遲而作。王衍之徒。攻難交至。莫能屈。

　貴亡論。亡。

王衍　難崇有論。亡。見裴傳。

因尚老莊之學，於是有才性與力命之論，其著者如下：

魏鍾會　才性論。亡。見世說文學篇注引魏志。按世說稱會撰四本論。注引魏志曰。會論才性同異。傳於世。四本者。才性同。才性異。才性合。才性離也。傅嘏論同。李豐論異。王廣論離。鍾會論合。

傅嘏　才性論。亡。見同前。

李豐　才性論。亡。見同前。

王廣　才性論。亡。見同前。

阮武　才性論。亡。

李康　運命論。見文選。

晉袁準　才性論。見藝文類聚。

羅含　更生論。見弘明集。大旨申死生聚散有常。仍是莊生齊生死之義。與佛家輪迴之旨相合。故僧祐取之。並附與孫盛往復二書。

戴逵　釋疑論。見廣弘明集。大旨主修短窮達有定分。與佛家三世之論相違。故周續之釋慧遠皆有駁論。釋道宣因並載之也。

周續之　難釋疑論。見同前。

釋慧遠　三報論。見同前。

又宋顧愿有定命論，梁劉峻有辯命論。

因尚老莊，於是有養生之論，其著者如下：

魏嵇康　養生論。見本集。本傳稱康以爲神仙本之自然。非積學所可至。導養得理。則長生可期。

答難養生論。見同前。

向秀　難養生論。見嵇中散集。大旨許其節哀樂。和喜怒。適飲食。調寒暑之說。而非其絕五穀。去滋味。寡情欲。抑富貴之論。蓋以儒言折之者。

曹植　辨道論。見本集。大旨言方士神仙之說不可信。

晉葛洪　養生論。見道藏。大旨主薄名利。禁聲色。廉貨財。損滋味。除佞妄。去沮嫉。而後可長生。

因尚老莊，於是有主恬退隱逸之論，其著者如下：

晉石崇　巢許論。見藝文類聚三十七。大旨明巢許非假託。實有其人。其拒讓可以敦廉勵俗。

桓玄　四皓論。殘。見晉書殷仲堪傳引。大旨以四皓之出爲非。

殷仲堪　答四皓論。見本傳。大旨以四皓之出爲安天下。故與伏質爲臣者異趣。

謝萬　八賢論。見本傳。大旨以漁父。屈原。司馬季主。賈誼。楚老。龔勝。孫登。嵇康八人隱顯不同。而以隱者爲優。

皇甫謐　玄守論。見本傳。大旨答人勸其修名廣交。不如守玄。

釋勸論。見本傳。答人勸其應舉而作。二論皆主恬退之意。文體亦仿客難。

孫綽　難謝萬八賢論。世說文學篇注引二句曰。體玄識遠。則出處同歸。

其研究佛學者，衆論所爭，約有四端：一論果報有無，但得晉著者一人如下：

晉孫綽　喩道論。見弘明集。雖論報應。而大旨在調和儒釋之異。

而宋有何承天達性論，顏延之釋達性論，又重釋達性論二篇。二論夷夏是非，其著者有宋顧歡夷夏論，及答袁粲駁夷夏論，袁粲駁夷夏論，謝鎮之折夷夏論，朱昭之難夷夏論，朱廣之諮夷夏論，釋僧愍戎華論，及明僧紹正二敎論。三辨三敎同異，其著者，有宋謝靈運辨宗論，釋慧琳均善論，宗炳難白黑論，何承天釋難白黑論，齊沈約均聖論，答陶隱居難均聖論，陶弘景難均聖論，張融三破論，劉勰滅惑論，釋僧順釋三破論等。四辨神形生滅，其著者有宋宗炳神不滅論，齊范縝神滅論，答曹思文難神滅論，蕭琛難神滅論，沈約神滅論，難神滅論，形神論，曹思文難神滅論，及重難神滅論。

此外，則有品藻人物之論，其著者如下：

魏孔融　周武王漢高祖論。殘。見藝文類聚十二。大旨謂周武不如漢高寬裕。

魏文帝　周成漢昭論。見太平御覽引典論。

漢文賈誼論。亡。見三國魏文紀注引王沈魏書。以諸臣之論。抑漢文予賈誼而作。

孝武論。見御覽引典論。非全文。

孔融　汝潁優劣論。見藝文類聚二十二。謂汝南人物爲優。

曹植　周成漢昭論。見御覽。非全文。

漢二祖優劣論。見藝文類聚十二。

丁儀　周成漢昭論。見續古文苑。孫星衍曰。魏文予漢昭而陳思不然。正禮此篇。蓋應教而作也。

鍾會　夏少康漢高祖論。見魏志高貴鄉公紀注引魏氏春秋。

夏侯玄　樂毅論。見藝文類聚二十二。

陳羣　汝潁人物論。殘。見魏志荀彧傳注引荀氏家傳。

蜀費禕　甲乙論。見本傳注引殷基通語。蓋論曹爽司馬懿也。

吳嚴畯　管仲季路論。亡。見吳志本傳。

裴玄　管仲季路論。亡。見嚴傳。

張承　管仲季路論。亡。見同上。

晉張輔　管仲鮑叔論。以下四篇。統名名士優劣論。見藝文類聚二十二。大旨以管仲不如鮑叔。曹操不如劉備。班固不如馬遷。樂毅不如孔明。

班固司馬遷論。

魏武劉備論。

樂毅孔明論。

李詮　劉揚優劣論。亡。見范喬傳。

范喬　劉揚優劣論。亡。本傳稱駁專詮揚雄優於劉向論。大旨謂向定一代之書。非雄所及。

伏滔　青楚人物論。殘。見世說言語篇注引滔集。大旨以青州爲優。與習論異。

習鑿齒　青楚人物論。殘。見同上。

戴逵　竹林七賢論。殘。散見御覽藝文類聚北堂書鈔世說等書。

有明刑議禮之論，明刑論之著者如下：

魏孔融　肉刑論。殘。見御覽。大旨不主復肉刑。

丁謐　肉刑論。見通典一百六十八引。非全文。

夏侯玄　肉刑論。

李勝　難夏侯太初肉刑論。共三篇。見通典引。非全文。

六朝禮學精者甚多，晉宋之間尤盛。但此類之文，多屬議體，今舉其以論名者如下：

晉劉智　喪服釋疑論。散見通典所引非全文。

成洽　孫爲祖持重論。見通典八十八。

吳商　難孫爲祖持重論。見同前。

答成洽難武中奏爲出母服論。見通典九十四。

虞潭　公除褚祭論。見通典五十二。主喪服可以與祭。

虞喜　難賀循論父未殯而祖父死服。見通典九十七。主不當如賀說。服祖但以周也。

中山主睦立禰廟論。見通典五十五。睦請立禰廟。劉喜等議不可。荀顗議可。詔從顗喜著論許荀顗。

成粲　嫂叔服論。見通典九十二。主嫂應爲叔服大功。

賀循　防墓論。見通典一百三。賀長於禮。其先世在漢爲慶氏。世傳禮。稱慶氏學。避安帝諱改稱賀。有喪服譜一卷。喪服要記十卷。

劉智　喪服釋疑論。散見通典所引。非全文。

干寶　王昌前母服論。見晉書禮志中。

孔衍　乖離論。見通典九十八。因環濟有父母乖離議也。

李瑋　難孔衍宜招魂葬論。見通典一百三。孔衍有禁招魂葬議。此難之。

公沙歆　宜招魂葬論。見通典一百三。

釋慧遠　沙門不敬王者論。見弘明集。共五篇。並序一首。咸康六年。成帝幼冲。庾冰輔政。謂沙門應敬王者。尚書令何充議不應敬。下禮官詳議。博士議與充同。門下承冰旨爲駁。何庾之奏具見弘明集。其後桓玄復申庾理。與八座書。令詳定之。王謐不謂然。往復作書。辨詰不已。慧遠乃爲此論。桓王之書。亦見弘明集。

何無忌　難祖服論。見同上。此與前論沙門敬王事。皆禮論之旁溢。及於佛氏之徒者。

又宋何承天有通裴難荀論大功嫁妹，庾蔚之招魂葬論。

又有闡明樂理之論，其著者如下：

魏嵇康　聲無哀樂論。見本集。大旨謂樂主和調。哀樂在人而異。

阮籍　樂論。見本集。明樂能化俗之理。

夏侯玄　辨樂論。

王弼　樂論。

又梁柳惲有清調論。

晉以後論天之文如下：

晉魯勝　正天論。殘。見本傳。論測度日月星辰事。

虞聳　窮天論。見晉書天文志。論天體。主宣夜說。

姚信　昕天論。見藝文類聚。論旨同前。

虞喜　安天論。見宋書天文志。以宣夜說難蓋天渾天二家。

劉智　天論。見開元占經。此亦難蓋天說者。

姜岌　渾天論。見開元占經。主渾天說。

答難渾天論。見同前。

此外，宋徐爰有渾儀論，何承天有渾天象體論，梁武帝有天象論，祖暅有渾天論等。

其諷世箴俗之論，著者如下：

魏王粲　去伐論。亡。隋志云。梁有去伐論集三卷。

王基　時要論。亡。本傳稱其見風化陵遲而作。

嵇康　難張邈宅無吉凶攝生論。見本集。共二篇。

張邈　宅無吉凶攝生論。見嵇集。

晉董養　無化論。亡。本傳稱其以人理既滅。大亂將作而作。

魯褒　錢神論。略見本傳。傳稱其傷時貪鄙而作。

龔壯　邁德論。本傳稱其譏巴蜀鄙陋。無復學徒。

劉寔　崇讓論。見本傳。傳稱以世多趨進。廉遜道闕而作。

又宋有傅亮演慎論，梁有劉峻廣絕交論。

就前引，雖如劉氏所說，猶「多未盡」，「然魏晉迄梁，時論所宗，可得崖略」（註七）。錯的地方，像「因尚老莊之學，於是有才性與力命之論」；又以鍾會所撰：才性四本論，散而歸於傅嘏、李豐、王廣，這是不了解當時談論情形，致生錯誤的，諸如此類，不一而足。不過大體說來，「崖略」是可以知道的了。就此一時期的「論」來看，玄「論」所占的比例似乎不大，如阮嗣宗的通易、通老、達莊，名雖如「玄論」實則當歸屬於文論(註八)，如將此類去之，則玄論之數更將大形削減。

文心雕龍以「論」爲研精一理，「注」則解散「論」體，「雜文雖異，總會是同」。「玄論」在魏晉兩朝，我們既已知道其數不多，而其時之注，似亦只有以下數種：

何晏　論語集解。
王弼　老子注。
　　　周易注。
向秀　莊子注。
郭象　莊子注。
張湛　列子注。
韓伯　易繫辭注。

兩百年中，談坐如是之多，談士如是之衆，談風又如是之盛，而用爲談資的「論」「注」，却只有如是之寥寥數種，也許我們會驚訝其事之不合乎常理。最好的解釋，是其時之「論」「注」，固爲談論時之重要課題。而由「書」、「論」、「注」，甚至于日常人生，任何一點引申，皆可成爲一「理」，它不同於「論」，「注」的，只是不成文罷了，却無礙於作爲談論之課題，甚而成爲世之「名理」，世說文學篇云：

　　舊云：「王丞相過江，只道聲無哀樂、養生、言盡意三理而已，然宛轉關生，無所不入。」

劉孝標注此三理，引嵇叔夜聲無哀樂論、養生論，及歐陽堅石言盡意論爲說，似是實非。以此三論，不過就此理而成文者，說此理而不必卽此理，明此理而不必盡此理，世說以王丞相過江道三理而不曰三論，實有他的深意。在我們若能了解這一點，對當時之談論當可思過半矣。

（註一）拙著竹林七賢研究頁七四。

（註二）見於弘明集中者，有宋宗炳神不滅論、齊范縝神滅論、蕭琛難神滅論、曹思文難神滅論、及重難神滅論。見於廣弘明集中者，則有沈約神不滅論；難神滅論、及形神論等。

（註三）南齊書卷三十三王僧虔傳，僧虔宋世誡子書中語。

（註四）兩條並見世說文學篇。

（註五）劉永濟文心雕龍校釋論說篇釋義中語，頁一一六。

（註六）見劉氏文心雕龍校釋頁一一七—三〇。

（註七）見劉永濟文心雕龍校釋頁一三一。

（註八）拙著竹村七賢研究頁二一—九，又頁一一六—三。

七　渡江前後

衛瓘可以說得上是晉朝的元老了，事功很盛，而有名理，魏志卷二十一衛覬傳注引晉陽秋曰：

衛瓘，字伯玉，淸貞有名理，少爲傅嘏所知。

且又嘗預正始之談坐，世說賞譽篇注引晉陽秋曰：

衛瓘有名理，及與何晏，鄧颺等數共談講。

瓘生於漢獻帝建安二十五年（西紀二二〇年），正始年間（二四〇至二四九年）爲二十許人，而瓘之任尙書令，依萬季野歷代史表，當從晉武帝咸寧四年，以至太康七年（二七八至二八六年），晉陽秋又曰：

尙書令衛瓘見廣曰：「昔何平叔諸人沒，常謂淸言盡矣！今復聞之於君。」

按魏嘉平之年，卽正始之十年（二四九），是年，何晏、鄧颺被殺，王弼亦復癘疾死，談風爲之一衰。距此已三十餘年，淸言一派又復擡頭。衛瓘旣曾參預正始談坐，他的話自有其權威性。廣卽樂廣，史言其善以約言厭人心，瓘謂「淸言」再聞，當卽指此。

這時的風俗已漸形敗壞。大凡一種風氣或風俗的成形，不是一天兩天，一人兩人的事，而係很多因素，長時間的積累，醞釀而後成。善良的風俗固然如此，敗壞的風俗風氣又何嘗不是如此，干寶晉紀總論很沉痛地說：

今晉之興也，功烈于百王，事捷于三代，蓋有爲以爲之矣。宣、景遭多難之時，務伐英雄、誅庶桀以便事，不及脩公劉、太王之仁也。受遺輔政，屢遇廢置，故齊王不明，不獲思庸于亳；高貴沖人，不得復子明辟。二祖逼禪代之期，不暇待三分八百之會也，是其創基立本，異于先代者也。又加之以朝寡純德之士，鄉乏不二之老，風俗淫僻，恥尙失所。學者以莊、老爲宗，而黜六經；談者以虛薄爲辯，而賤名檢；行身者以放濁爲通，而狹節信；進仕者以苟得爲貴，而鄙居正；當官者以望空爲高，而笑勤恪。是以目三公以蕭杌之稱；標上議以虛談之名。劉頌屢言治道。傅咸每糾邪正，皆謂之俗吏；其倚杖虛曠，依阿無心者，皆名重海內。

這些都是實在情形，而晉的所以如此，則由於魏末放誕虛無之論滿于朝野，更可上推漢末淸議人物的名實不符，此在葛洪抱朴子外篇中，有着深刻的描敍。然而關鍵仍在於魏末，一直發展下去，情形愈形嚴重，文選卷四十九晉紀總論注引干寶晉紀曰：

以傅玄、皇甫陶爲諫官。傅玄上書曰：「昔魏氏虛無放誕之論，盈于朝野，使天下無復有清議，而亡秦之病，復發于今。」

情形的愈形嚴重，導致有遠見大臣的憂慮，同書又曰：

以劉弘領荊州，劉弘敎曰：「太康以來，天下共尙無爲，貴談莊老，少有說事。」

這正就是劉弘被人目爲「俗吏」的最好理由，「事」有何可說？尙無爲，談莊老，又有何不好？然而傅玄、劉弘、干寶的說法，畢竟太含混、太籠統一些。以從正始以來，清言一脈的人，他們之行爲，被人目爲浮華。浮華一詞，在東漢，是指那些不從事章句之學子，後漢書卷一百九儒林傳序卽說：「本初元年，梁太后詔大將軍，下至六百石，悉遣子就學。……自是遊學增盛，至三萬餘生。然章句漸疏，而多以浮華相尙，儒者之風蓋衰矣。」就因爲他們不尙務實的章句，范蔚宗才加他們以「浮華」之名。而何晏、鄧颺等人，所以爲浮華，亦不過是由於他們不講法術，不曲合於司馬氏罷了，晉書卷七十五范汪附子寧傳引寧之論王何云：「王何蔑棄典文，不遵禮度，游辭浮說，波蕩後生。飾華言以翳實，騁繁文以惑世。搢紳之徒，翻然改轍。洙泗之風，緬然將墜。遂令人義幽淪，儒雅蒙塵，禮壞樂崩，中原傾覆。古之所謂言僞而辨，行僻而堅者，其斯人之徒歟！……王何叨海內之浮譽，資膏粱之傲誕，畫魑魅以爲巧，扇無檢以爲俗。鄭聲之亂樂，利口之覆邦，信矣哉！吾固以爲一世之禍輕，歷代之罪重；自喪之釁小，迷衆之愆大也。」卽以此爲浮華，此浮華也不是超越禮教的狂放不經。因之，對於這般超越禮教的人來說，非但爲正人君子所不滿，卽連淸言談士的樂廣亦以爲太過，世說任誕篇注引竹林七賢論曰：

是時竹林諸賢之風雖高，而禮教尙峻。迨元康中，遂至放蕩越禮，樂廣譏之曰：「名敎中自有樂地，何至於此！」樂令之言有旨哉！謂彼非玄心，徒利其縱恣而已。

竹林七賢，但爲後人偶然之組合，名屬後起(註一)。然其人固多有不守禮法的，世說任誕篇及劉孝標注引諸家書實多其例，可以參看。這些人中，劉伶(註二)、阮咸(註三)，也許是本性如此；阮籍，則因處於如此一政治不穩，社會不安的環境，爲保身立命，而故作狂放的。文選卷四十阮籍詣蔣公奏記注引臧榮緒晉書曰：

籍本有濟世志，屬魏晉之際，天下多故，遂酣飲爲常。

我們在世說任誕篇中，也可以找出籍有意如此的旁證來，書云：

阮渾長成，風氣韻度似父，亦欲作達。步兵曰：「仲容已預之，卿不得復爾！」

注引竹林七賢論曰：

籍之抑渾，蓋以渾未識己之所以爲達也。

以阮籍爲全生保生而達，是有爲而達，其後效之者，則「非玄心」，「徒利其縱恣而已」，世說德行篇注引王隱晉書曰：

魏末，阮籍嗜酒荒放，露頭散髮，裸袒箕踞。其後貴游子弟：阮瞻、王澄、謝鯤、胡毋輔之之徒，皆祖述於籍，謂得大道之本，故去巾幘，脫衣服，露醜惡，同禽獸。甚者名之爲通，次者名之爲達也。

阮瞻、王澄、謝鯤、胡母輔之等人，生于安逸，長于富貴，未識所以爲達，亦無需有爲而達，但達而已。前引竹林七賢論，謂樂廣之意，在責難那些利放蕩越禮而縱恣之徒，而非泛指有玄心，有爲而達者，以解脫七賢之罪名，實歪曲了樂廣的話。

惠帝元康元年（二九一）六月，衞瓘被殺，以賈模、張華、裴頠爲侍中，並管機要。賈后始專政，而伏下日後八王之亂的危機。

裴頠也是一位善言名理的人，世說言語篇注引冀州記曰：

頠弘濟有淸識，稽古善言名理，履行高整，自少知名。歷侍中、尙書、左僕射，爲趙王倫所害。

頠被害于元康十年，卽永康之年（三〇〇）。而頠最重要的崇有、貴无二論，則成於元康七年，以「迨元康中，遂至放蕩越禮」，虛誕之弊至此極矣，或以頠論卽所以矯之。魏志卷二十三裴潛傳注引陸機惠帝起居注曰：

頠雅有遠量，當朝名士也。又曰：名之望也。頠理具淵博，贍於論難，著崇有，貴无二論，以矯虛誕之弊，文辭精富，爲世名論。

至於著論的背景，則世說文學篇注引晉諸公贊說得最爲明白，其言曰：

自魏太常夏侯玄、步兵校尉阮籍等，皆著道德論。于時，侍中樂廣、吏部郎劉漢，亦體道而言約，尚書令王夷甫，講理而才虛；散騎常侍戴奧，以學道爲業，後學庾敳之徒，皆希慕簡曠。頠疾世俗尙虛无之理，故著崇有二論以折之，才博喻廣，學者不通究。

按此唯作著「崇有二論」，而無「貴无」之名。且既崇有，復貴无，理亦不可通，故「貴无」論的有无，實是一問題。唐修晉書，著錄崇有論，亦無貴无之論，可爲一證。至於作論的目的，是否「疾世俗尙虛无之理，故作論以矯之」，亦成問題。諸公贊接着說：

後樂廣淸閑欲說理，而頠辭喻豐博，廣自以體虛无，笑而不復言。

頠的才博喻廣，和樂廣的體虛无，形成一個顯明的對照。世說文學篇又云：

裴成公有崇有論，時人攻難之，莫能折。唯王夷甫來，如小屈；時人卽以王理難裴，理還復申。

王衍亦爲一淸言家，與樂廣皆尙虛无。從談論的慣例看來，談是以論注爲根據的，而頠的立崇有論，立意與其他談家之著玄論，本無不同，就晉書卷三十五裴秀附子頠傳引頠崇有論中亦稱：

頠用矍然，申其所懷，而攻者盈集，或以爲一時口言。有客幸過，咸見命著文擿列虛无不允之徵，若未能無事釋正，則无家之義弗可奪也。

是其所以著爲論，全然是用以作爲談論的根據。論中的舉時事，亦用以表示「辭喻豐博」，對於一個談士來說，頠並不如後人所想像的具有那種救世的心情，而崇有論也沒有那麼濃厚的道德意味可言。

我們說裴頠是一個談士，並不爲過。頠是善談論的，世說賞譽篇云：

裴僕射，時人謂爲言談之林藪。

裴頠雖有着極好的辯才，學識也不差，可是值得遺憾的，是所持的「有」，在理論上具有先天的缺點。頠的善假人事，雖然在道德意識上是占有優勢的，却補救不了這點，非但補不足這缺點，更表現了理論本身的空虛。貴无賤有的產生，裴頠認爲是由於現實觀察的結果：

察夫偏質有弊，而覩簡損之害，遂闡貴无之義，而建賤有之論。

我們暫且可以不理會因「无」而生的結果，像什麼「無以爲政矣」、「士行有虧矣」等，以皆無關於根本。從頠看來，「无」的不能成立，第一是「有」的不能絕，也不可絕，而「无」的難有徵，這也是從現實的人事上着眼的。

夫盈欲可損而未可絕有也，過用可節而未可謂无貴也。蓋有講言之具者，深列有形之故，盛稱空无之美，形器之故有徵，空无之義難檢。

因之，他認爲空无之義足以惑衆，雖有有心人之不滿，然而亦以才資不足而不能推翻之。第二則點出人的以「无」爲辭，而其旨實在於全「有」。

夫有非有于无，非无于无，非无于有非有，是以申縱播之累，而著貴无之文。將以絕所非之盈謬，存大善之中節，收流遁于旣過，反證正于胷懷，宜其以无爲辭，而旨在全有。故其辭曰：「以爲文不足若斯，則是所寄之塗一方之言也；若謂至理信以无爲冠，則偏而害當矣。」

對於這一點，裴氏表現了他的慧心，可以說是發人之所不敢發。蓋由王弼說變化而來，魏志卷二十八鍾會傳注引何劭王弼傳曰：「老子是有者也，故恆言无所不足。」世說文學篇則作：「老莊未免於有，恆訓其所不足。」唐長孺氏以爲裴頠之說，雖與輔嗣說相似，宗旨恰相反(註四)。第三則裴氏立刻點明「自生必體有」，而他的一切論點，亦立足在這句話上：

> 夫至无者，无以能生；故始生者，自生也；自生而必體有，則有遺而生虧矣。生以有爲己分，則虛无是有之所謂遺者也。故養既化之有，非無用之所能全也；理既有之象，非無爲之所能循也。心非事也，而制事必由於心，然不可制事以非事，謂心爲无也；匠非器也，而制器必須于匠，然不可以制器以非器，講匠非有也。

他認爲无既然是无，就不能生有，始生只是自生，而生之始只能體有，也就是有始能存在，无不能存在。既然體有，那麼遺棄了有，就不能全生，就不能存在。生既以有爲己分，那麼虛无乃是有之所遺，而非有之所體。所以既已有了，只能順有之用以全身，循有之道以理衆，而不能以无濟有或復返於无。唐長孺氏乃由之得出兩結論，即裴氏認爲自然即是萬有的綜合，萬物各本其分而生；无也不能生有，无乃空虛之謂。故裴氏之有，包括名敎，而名敎不僅本之自然，且本身即自然(註五)。頠論總結說：

> 由此而觀，濟有者皆有也，虛无奚益于已有之羣生哉？

裴頠的全套理論，是建築在「以人事推本體的所在」上，與其他諸家「由本體而及人事」，甚至不及於「人事」的皆異。頠亦認爲至无不能生有，始生必自生，然却由之推論「自生而必體有」

是先有「有」的存在，而後始能生生；至於虛无，不過是「有」之所謂遺，這兩點顯然和郭子玄之說法相背了。郭氏認爲物是塊然自生，然所體不是有，更不是无；有之始，是一，一則起于至一，這是至微妙的。「无」和「有」是絕對的兩端，不能相生，一既不能稱爲有，虛无更不是有之所謂遺，這也就是郭、裴理論的分歧點。王弼則主張无爲本，有爲末，是裴、王說亦不同。在裴氏看來，名敎是有，是本之自然，且本身卽是自然，說法不同於老子，崇有論中，謂「賤有則必外形，外形則必遺制，遺制則必忽防，忽防則必忘禮，禮制弗存則无以爲政矣」，遂深斥「薄綜世之務，賤功烈之用，高浮游之業，卑經實之賢」，以及「悖吉凶之禮，而忽容止之表，瀆棄長幼之序，混漫貴賤之級」，以爲這都是有虧士行，然裴頠所提出的問題，和企圖解決的問題，却是「有」「无」之辨(註六)，不過假此作爲論證，他並沒有排斥道家，他只想從當世談坐中，樹立一家之說。當然，他也不像唐長孺氏所說的，和王弼一樣，在綜合儒道(註七)。

元康以後，談風又漸形發展，人才輩出，像裴頠、郭象輩，不過是二、三流的談客罷了，至於聲望最高的，則推王衍和樂廣，可說爲當世之談宗，文選卷四十六王文憲集序注引漢晉春秋曰：

元康七年，以王戎爲司徒，是時，王夷甫爲尚書令，樂廣爲河南尹。王夷甫、樂廣，俱以宅心事外，名重於時，故天下之言風流者，稱王樂焉。

王衍，字夷甫，琅邪臨沂人，父乂。衍爲司徒戎從弟，而非如御覽八一四引王隱晉書所云之「戎叔父也」，文選卷四十九晉紀總論注引王隱晉書曰：

王衍不治經史，唯以莊老虛談惑衆。

好莊老而不治經史，固屬於當時風氣。從思想上看來，夷甫接近正始之王何，而與裴頠說法不同，晉書卷四十三衍傳曰：

魏正始中，何晏、王弼等祖述老莊立論，以爲天地萬物，皆以無爲爲本。無也者，開物成務，無往不存者也，陰陽恃以化生，萬物恃以成形，賢者恃以成德，不肖恃以免身。故無之爲用，無爵而貴矣。衍甚重之，惟裴頠以爲非，著論以譏之，而衍處之自若。

晉書的取材必有所本，然而沒有更多的材料，使我們得以了解夷甫思想的另一面。這也由於衍特以談論技巧見長，無深厚的學力以爲基礎，像王隱晉書所說。故雖如裴頠的善談，世說賞譽篇云，時謂頠爲「言談之林藪」，文學論注引晉諸公贊，云「裴頠談理，與王夷甫不相推下」，終差夷甫一籌，世說文學篇云：

裴成公作崇有論，時人攻難之，莫能折。唯王夷甫來，如小屈；時人卽以王理難裴，理還復申。

裴頠之理，非必勝人，勝在他的才辨；而衍之理，更不必在頠之上，勝尤勝在他的才辨。蓋衍之說理，本無主意，隨時變更，以求所安，若水銀瀉地，無孔不入，文選卷五十五廣絕交論注引孫盛晉陽秋曰：

王衍，字夷甫，能言，於意有不安者，輒更易之，時號口中雌黃。

在如此情形下，夷甫之談，自然所向無敵，而爲世所稱了，世說言語篇注引晉諸公贊曰：

夷甫好尙談稱，爲時人物所宗。

在思想上，夷甫接近於正始之王何兩家，而沒有自己的一套；從談論上來看，與樂廣亦同屬於正始的淸言一脈，世說賞譽篇注引晉陽秋曰：

樂廣善以約言厭人心，其所不知，默如也。太尉王夷甫、光祿大夫裴叔則能淸言，常曰：「與樂令談，覺其簡至，吾等皆煩。」

淸言家講求約言，風氣開自王何、王夷甫、裴叔則雖然皆以簡約自居，然却自愧不如樂廣。以簡至出諸自然，天賦使然，而廣之簡至，如世說文學篇云：

客問樂令旨不至者，樂亦不復剖析文句，直以麈尾柄确几曰：「至不？」客曰：「至。」

樂因又舉麈尾曰：「若至者，那得去！」於是客乃悟，服樂辭約而旨達。「旨不至」，就是莊子天下篇所說的「指不至」。以麈尾柄确几上，普通以爲麈尾至几，但至若是眞至，則至者不能去。今至者能去，則至非眞至（註八）。像這種問答言辭，已類於後日禪門的機鋒。可是倘有分別，樂令的初旨，只在說明一理；禪門的機鋒却在點出眉目，擊開衆竅，使悟得衆生一切因緣，至於悟不悟、了不了，則在他，我是不過問的。談論的技巧到了此時，可說是已發展到達一個新的最高峯。然而從思想上看，則極其貧乏，最多只拾了一些前人的牙慧。也許他們同樣是求旨、求理，然而辭勝於理，成了一般的趨勢。雖說游辭被人鄙視，終不能挽救此種思想上的頹風，而清言也走上了衰微沒落之途。實際上，此時的清言內容，已非如正始時的單純，以莊子由附庸而爲大國，老易的時代漸成過去。更因思想界的空虛，造成佛教的乘虛而入，有了大形發展的機會。

永康、永寧以後，八王之亂延續了好幾年，晉室雖未傾覆，元氣却爲之大傷。忙內則顧不了外面，懷、愍不過十年，劉曜遂陷長安，而晉亡。時間的緊湊，局勢的困難，由此可見。時勢造英雄，英雄造時勢，也許有它的眞理，問題出在王衍並不是英雄，卽使是英雄，是否能在皇室鬩牆之中造一新時勢，在元氣大喪之後倘能打平外寇，也實在是一問題，有多少人爲了一時的衝動，捲入政事，非但無益于邦國，且立即殞身，世說賞譽篇注引名士傳曰：

庾顗雖居職任，未嘗以事自嬰，從容博暢，寄通已是。時天下多故，機事屢起，有爲者拔起吐異，而禍福繼之，顗常默然，故憂喜不至也。

處在如此情形之下，到不如如庾顗的隨俗浮沉，居位靜默，暗中加以補救，再舉一例，王戎位居臺司，位尊爵顯，然晉書卷四十三本傳云：

自經典選，未嘗進寒素，退虛名，但與時浮沉，戶調門選而已。尋拜司徒，雖位總鼎司，而委事僚寀。

世說儉嗇傳注引戴逵之論曰：

王戎晦默於危亂之際，獲免憂禍，既明且哲，於是在矣。或曰：「大臣用心，豈其然乎？」逵曰：「運有險易，時有昏明。如子之言，則蘧瑗、季札之徒，皆負責矣。自古而觀，豈一王戎也哉！」

晉書本傳亦由是而論曰：

戎以晉室方亂，慕蘧伯玉之爲人，與時舒卷，無蹇諤之節。

我們固然不能說庾顗、王戎之行爲是對，然與他們早年的表現看來，顯然地可以看出他們是不得已的，有意如此的(註九)，令人同情。夷甫亦當是這一類的人物，世說輕詆篇注引八王故事曰：

> 夷甫雖居臺司，不以事務自嬰，當世化之，羞言名教，自臺郎以下，皆雅崇拱默，以遺事爲高，四海尙寧，而識者知其將亂。

四海尙寧，證明王衍的居任，有鎭定之功；至於說羞言名教，却屬可疑。樂廣的譏曠達，即說「名教中自有樂地」，夷甫和樂令一樣，雖不治經史，好老莊之論，始終沒有超出名教的圈子，最多不過不像一般假道學的終日「名教」不離口。然而在晉室垂亡的關頭，他却負起了救國家救民族的責任，世說簡傲篇注引晉陽秋曰：

> 惠帝時，太尉王夷甫言於選者，以弟澄爲荆州刺史，從弟敦爲青州刺史。澄、敦俱詣太尉辭，太尉謂曰：「今王室將卑，故使弟等居齊楚之地，外可以建霸業，內足以匡帝室，所望於二弟也。」

衍並沒有任何的野心，在晉室動蕩不安之時，尋求地位的鞏固，樹立自己的羽翼。荆州、青州，確爲當時形勢最重要的二鎭，夷甫以敦、澄安置於是處，眼光自是遠大。若以人選來看，在當時，這兩人也不能不說是極選了，世說品藻篇注引晉陽秋曰：

> 兄夷甫有盛名，時人許以人倫鑒識，常爲天下士目曰：「阿平第一，子嵩第二，處仲第

三。」

阿平澄也，處仲敦也，固不論以後的結果，夷甫的居心是純屬替晉室打算的。至於唐修晉書，以王衍預爲二窟，則未免誤解了王衍。設眞如晉書所說，王衍當不至死於石勒之手，晉書卷四十三衍傳曰：

及石勒、王彌寇京師，以衍都督征討諸軍事持節假黃鉞以距之。衍使前將軍曹武、左衞將軍王景等擊賊退之，獲其輜重，遷太尉，尙書令如故，封武陵侯，辭封不受。時洛陽危逼，多欲遷都以避其難，而衍獨賣牛車，以安衆心。

從這裏看來，王衍並非是一徒事虛名的人，在晉室存亡危急之秋，發揮其最大的才能，不要以爲賣牛車是小事，那正需要絕大的勇氣，其給晉人心理上的安定力量，更過於十萬援兵。像王夷甫那樣的地位他，很可以一走了之，南下據一重鎭，兄弟互爲屏藩，何苦冒此危險；如王澄、王敦果眞是他預置二窟的話，更不必多冒此一死之險。其後，東海王越旣死，衆共推衍爲元帥，因爲那時沒有比王夷甫那樣更有資格爲元帥的人了。可是，由於晉本身兵力的不足，兵敗被俘，說來實非衍之罪也。水經注卷二十二引晉陽秋曰：

太傅東海王越之東奔也，石勒追之，熕尸于寧平，數十萬衆，斂手受害，勒縱騎圍射，尸積如山，王夷甫死焉。

酈道元氏接着說：

> 余謂後者所以智勝羣情，辨者所以文省袪惑，夷甫雖體荷儁令，口擅雌黃，汚辱君親，獲罪羯勒，史官方之舉正，諒爲褒矣。

這種論調可說是後代人對王夷甫看法的一種典型，全屬感情上的衝動，受蔽於一二傳說，而不對之作嚴格的史料批判，觀察事實的眞相，而妄加論定。此種傳說，尤集中於王衍之被俘於石勒的終始描敍，世說輕詆篇注引晉陽秋曰：

> 夷甫將爲石勒所殺，謂人曰：「吾等若不祖尙浮虛，不至于此！」

王衍祖尙浮虛的供辭，成爲後人攻擊衍等的一種藉口。從王衍的一生行事看來，他的感情斷不會如此地脆弱。而他的爲人，亦不可能自己承認他是祖尙浮虛的。世說賞譽篇注引八王故事曰：

> 石勒見夷甫，謂長史孔萇曰：「吾行天下多矣，未嘗見如此人！當可活不？」萇曰：「彼晉三公，不爲我用！」勒曰：「雖然，要不可加以鋒刃也。」夜使推牆殺之。

按八王故事十卷，唐志載錄之，作「廷尉盧綝撰」，隋志則脫撰人名。而我們亦不必信此條所記必爲眞，而前說之必假然，而王夷甫畢竟爲不勒所殺害，自是毫無問題的事。再看一下唐修晉書卷四十三衍傳所記此事之經過云：

越之討苟晞也，衍以太尉爲太傅軍司，及越薨，衆共推爲元帥。衍以賊寇鋒起，懼不敢當，辭曰：「吾少無宦情，隨牒推移，遂至於此！今日之事，安可以非才處之。」俄而擧軍爲石勒所破，勒呼王公與之相見，與語移日，衍自說少不豫事，欲求自免，因勸勒稱尊號，勒怒曰：「君名蓋四海，身居重任，少壯登朝，至于白首，何得言不豫世事邪？破壞天下，正是君罪。」使左右扶出。

衍傳於後更以前引晉陽秋、八王故事之文附入。以性質完全相異的數種記事，合爲一編，唐修晉書的弊病在此，內容雖然豐富了，可是何當於史，晉書出而十八家晉書皆以廢，然此只由於政治的因素以造成其權威的地位，亦由於此而晉事愈以不明。當時「賊寇鋒起」是眞的，衍的辭讓元帥亦可能是眞的，以國人夙有接事三讓示謙的故事；衍的勸石勒卽尊位則屬可疑，雖其說理則信口雌黃，隨事理而更定，不過在政事上，尙不致如此的輕躁；勒所謂「吾行天下多矣，未嘗見如此人」，只由於衍的風姿拔異，世說賞譽篇注引顧愷之夷甫畫贊曰：「夷甫天性瓌特，識者以爲巖巖秀峙，壁立千仞」，又引名士傳曰：「夷甫天性奇特，明秀若神」，可爲證明。至長史孔萇所說，衍「爲晉三公，不爲我用」，亦是常情。內禍外患，因素多的是，何能全歸罪於浮虛，卽不講求浮虛，而內驕諸王，外大羣胡，終有何用？臨死自責，作道德上的反省，亦非如衍者所能爲。這種分析，旨在說明西晉之亡，亡在非浮虛所能負責的內憂外患，而晉室的封建，漢以來胡人的內徙，則是病源的根本所在。

而當夷甫死事以前，東海王越先以殞亡。越，武帝姪也。永興二年起兵，迎駕還洛，雖然名在八王之內（註一〇），然却至他而結束了八王之亂局，文選卷二十六迎大駕注引王隱晉書曰：

東海王越從大駕討鄴，軍敗。永興二年，越率天下甲士三萬人，奉迎大駕還洛。

明年，即光熙元年之八月，拜太傅錄尙書事。懷帝即位，照文選卷四十九晉紀總論注引晉紀所說，遂「總兵輔政」。五年二月，卒于項。東海王越雖輔政不久，然對于當時之局面，尤其在談論方面，却大有影響。

第一：從王衍之請，以王澄、王敦領荊、揚，據吳楚以爲形援，通鑑考異引漢晉春秋曰：

王衍言於太傅越，以王澄爲荊州，敦爲揚州，據吳楚以爲形援，越從之。

初，敦爲靑州，今乃易置揚州，以形勢又有變更也。雖事實證明其人選有問題，不過就當時看來，這確是最佳的人選，對於晉大局的安定，有不可磨滅的貢獻。

第二：甄拔材異，納諸府中。御覽二四九引臧書曰：

（庾敳）參太傅軍事。從子亮，少時見敳在太傅府，言府多名士，皆一世秀異。敳處其中，常自常王。

「府多名士，皆一世秀異」，說得並不如過。因爲除敳參太傅軍事外，又以陶侃爲參軍，書鈔引中興書曰：

太傅東海王越，以侃爲參軍，督護江州，議軍事。

王安期爲記室參軍，御覽二四九引中興書曰：

王承，字安期，少而沖淡，弱冠知名。……司空東海王越以爲記室參軍。

趙穆爲參軍，世說賞譽篇注引趙吳郡行狀曰：

穆字季子，汲郡人，眞淑平粹，才識淸通。歷尚書郎、太傅參軍。

而世說賞譽篇謂鄧伯道亦爲參軍。又以胡毋輔之爲從事中郎，書鈔七十七引鄧粲晉紀曰：

越西迎大駕，留帝居守，奉駕東還，以越爲太傅錄尚書（事）。越以重名辟士，以胡毋輔之爲從事中郎。

而衛玠亦嘗爲其西閣祭酒，同書引晉書曰：

辟命屢至，皆不就。久之，爲太傅西閣祭酒。

更辟謝鯤、王玄爲掾，同書引晉中興書陳郡謝錄曰：

太傅東海王越聞（謝鯤）名，辟爲掾。

世說識鑒篇注引晉諸公贊曰：

王玄，字眉子，夷甫子也，東海王越辟爲掾。

府中又有劉輿、裴邈、潘滔，世說所謂太傅府三才是也。賞譽篇云：

太傅府有三才，劉慶孫長才，潘陽仲大才，裴景聲淸才。

注引八王故事曰：

劉輿才長綜覈、潘滔以博學爲名，裴邈彊立方正，皆爲東海王所暱，俱顯一府，故時人稱曰：「輿長才，滔大才，邈淸才也。」

其後東海王越奉詔出征討荀晞，王衍以太尉爲軍司，澄、敦亦爲越所用，是天下之士，莫不受越之賞遇之恩矣。

第三：越既召納名士，對談論又復有極明確之認識，這是非常難能可貴的。御覽二四九引晉中興書曰：

王承字安期，少而沖淡，弱冠知名。……司空東海王越以爲記室參軍，雅相敬重。敕子毗曰：「夫學之所益者淺，體之所安者深。閑習禮度，不如式瞻儀形；諷誦遺言，不如親承音旨。至參軍，人倫之表，汝其師之。」

而世說賞譽篇注引趙吳郡（趙穆）行狀曰：

太傅越，與穆，及王承、阮瞻、鄧攸書曰：「禮，八歲出就外傅，十年曰幼學明，可以漸先王之教也。然學之所受者淺，體之所安者深。是以閑習禮度，不如式瞻軌儀；諷味遺言，不如親承辭旨。小兒毗，既無令淑之資，未聞道德之風，欲屈諸君，時以閑豫周旋燕誨也。」

文句稍異，可以相互印證發明。蓋談坐中，雖非主客之資，然而預之者衆，即所以「式瞻軌儀，親承辭旨」，比談論之具教育意義，而談坐即教育之場所。東海王越實對之有清晰之認識，而無形中對談論產生極大的激勵和影響。此處亦可以看出當時的趨勢，即對於學理上的研討——諷味遺言，已不注重，而專務談論技巧，和人物的軌儀辭旨，結果使得談論的內容日益空虛，實已到窮極必變的時候了。

史家們的記載，在很多地方，確是對東海王越的作爲有不滿之處，從以之爲八王之亂的八王之一，就可以想見。也許，東海王才不足而心有餘，很想做一番曹操挾天子以號令諸侯的事業，然而，他既不能比曹操，懷帝亦非獻帝，四海不從其令，征討連年，終至鬱鬱以終。

晉愍帝建興四年（三一六）十一月，劉曜陷長安，帝出降而晉亡。明年（三一七）三月，丞相琅邪王睿即晉王位。又明年（三一八）三月，即皇帝位，是爲元帝，定都建康，開東晉百年之局。然在懷愍以前，由於北方局面的不安，多有南下者，非但樹立後日立國的根基，且爲談風開闢了新的陣地。而這期間，尤以王敦、王澄的出刺，具有深遠的意義，通鑑考異引漢晉春秋曰：

王衍言於太傅越，以王澄爲荆州，敦爲揚州，據吳越以爲形援，越從之。

按歷代史表十六晉方鎭年表，事當在永嘉元年。而敦初尙在青州，永嘉六年，始自青州改刺揚州。

在當時，王澄可說是名士班首，與兄夷甫同負盛名，世說賞譽篇曰：

王平子目太尉，阿兄形似道而神鋒太儁，太尉答曰：「誠不如卿落落穆穆。」

注引王隱晉書曰：

澄通朗好人倫，情無所繫。

澄的落落穆穆，情無所繫，天性固使然；而後天的環境，乃很容易將之趨向於曠達一流，徜徉自適，絲毫不加以節制，反謂得大道之本，世說德行篇注引王隱晉書曰：

魏末，阮籍嗜酒荒放，露頭散髮，裸袒箕踞。其後貴游子弟，阮瞻、王澄、謝鯤、胡毋輔之之徒，皆祖述於籍，謂得大道之本。故去巾幘，脫衣服，露醜惡，同禽獸。甚者名之爲通，次者名之爲達也。

到了這時，已非如昔日阮籍之具玄心，他們不識所以爲達，徒利其縱恣而已；加上連樂廣輩的嘆息「名教中自有樂地」聲亦不再有。澄非但以才禀得盛名，且鎭一方，評論人物，而曠達之風大盛，謝鯤、胡毋輔之，一人勝似一人，雖此輩在談坐上亦能一談，然不足稱大家。因之，所以示人者，只有他們的行爲了，世說品藻篇注引晉陽秋曰：

王澄有通朗稱，而輕薄無行。

而澄的「輩薄無行」，在刺荆州時，表露無餘，致「朝野失望」。以不負事任，雖狂放，尙無關於大局；一居其位，自動輒得咎。到了後來，澄終如敦所殺，實咎由自取，並不能得到他人的同情。

從當時看來，敦之名實出澄之下，這是才力所使然；而敦在行政事務上則有他的長才。澄負方面之任，却同時想做一個職業談家，自一事不成。敦則不過以談論爲閒暇之消遣罷了，雖然他具有這方面的才能，世說文學篇注引敦別傳曰：

> 敦字處仲，琅邪臨沂人，少有名理，累遷青州刺史。避地江左，歷侍中、丞相、大將軍、揚州牧，以罪伏誅。

而敦之一生，以事功爲盛，也從此可以考見。

在早期南遷的諸談家中，最値得注意的，是衞玠。世說言語篇注引晉諸公贊曰：

> 衞玠，字叔寶，河東安邑人。祖父瓘，尙書；父恆，黃門侍郎。

旣爲瓘孫，復娶樂廣之女，其才具也可以想見了，賞譽篇注引玠別傳曰：

> 玠少有名理，善通莊老。

文選卷三十八爲蕭揚州薦士表注引臧榮緖晉書曰：

> 衞玠，字叔寶，好言玄理，拜太子洗馬。常以人有不及，可以情恕；非意相干，可以理遣，故終身不見喜慍之容。

而衞玠之有「璧人」之號，不僅因爲他具「虛令之秀，淸勝之氣」而「朗然照人」，且有「璧潤之望」（見世說注引玠別傳），故能情恕理遣，終身不見喜慍之色。

玠爲一職業談家，先見賞於王澄；旣南遷，復受知於王敦，世說賞譽篇注引玠別傳曰：

> 琅邪王平子高氣不羣，邁世獨傲。每聞玠之相議，至于理會之間、要妙之際，輒絕倒于

坐。前後三聞，爲之三倒，時人遂曰：「衞君談道，平子三倒。」

此當在王澄尙居洛陽之時，澄旣刺荆州，而玠亦以天下將亂，移家南下，必有依澄之意。御覽四八九引何法盛晉中興書曰：

衞玠兄璪，時爲散騎侍郎，內侍懷帝。玠以天下將亂，移家南行，母曰：「我不能捨仲賢而去也。」玠啓喩深至，爲門戶大計，母涕泣從之。臨別，玠謂璪曰：「在三之義，人之所重，今可謂致身授命之日，兄其勉之。」乃扶將老母，轉至豫章。而洛城失守，璪沒焉。

按洛陽失守，在永嘉五年六月，而玠之南遷，當在永嘉四年，世說言語篇注引玠別傳云：

永嘉四年，南至江夏，與兄別于梁里澗。

玠雖于永嘉四年卽已出發，然轉至豫章，已爲六年五月，又四十五日而卒，世說容止篇云：

衞玠從豫章至下都，人久聞其名，觀者如堵牆。玠先有羸疾，體不堪勞，遂成病而死，時人謂看殺衞玠。

其事固不足置信，劉孝標注之曰：

按永嘉流人名曰：「玠以永嘉六年五月至豫章，其年六月二十日卒。」此則玠之南度豫章四十五日，豈暇至下都而亡乎？且諸書皆云玠亡於豫章，而不云在下都也。

當時道途已感艱困，所謂「永嘉流人」(註一〇)一批一批地向南方遷徙，需時孔多，故玠以四年出發，六年五月始至，晉中興書謂「轉至豫章」，的是實錄。

書鈔引晉書曰：

玠遷豫章，是時大將軍王敦鎮豫章，長史謝鯤先雅重玠，相見欣然，談論彌日。

世說亦云玠見謝鯤、王敦於豫章，然賞譽篇注引玠別傳曰：「玠至武昌見王敦，與之談論彌日……。」此甚可怪，敦之殺澄，史不載其確定時日，然在豫章甚明，世說方正篇注引晉陽秋曰：

王澄為荊州，羣賊竝起，乃奔豫章，而恃其宿名，猶陵侮敦，敦使勇士路戎等搤而殺之。

時為永嘉元年。玠南遷及豫章而止，而澄想必已死，玠不久亦死，恐與此有關，否則斷不會不見澄。而澄之被殺，敦雖可能去武昌，然職責所在，必無久居之理，而返鎮豫章（時敦加征討都督），故當以玠見敦於豫章說為是。

我們所謂之渡江，是中原文化向江南的推移，不僅是人口的流動而已。在學術思想上，江南可說是很保守的，過去的一世紀中，他們似乎很少受到北方的影響，即使正始的談風，老莊之微言，在江南也沒有流傳的些微迹象。吸引他們注意力的，是易，是天體論。唐長孺氏對之曾作了個詳盡的分析(註一二)，他指出，孫吳時，江南有着好幾種易注出現，其一是陸績的注京氏易傳，吳志卷十二績傳云：

> 績……博學多識，星曆算數，無不該覽。……作渾天圖，注易，釋玄，皆傳於世。

張惠言易義別錄云：

> 公紀（績字）注京氏易傳，則其易京氏學也。……今觀公紀所述，凡納甲、六親、九族、四氣、刑德生剋，無一言及之。至言六爻發揮，旁通卦爻之變，有與孟氏易相出入者。京氏自言其學卽孟氏易，公紀儻得之邪？

是張氏以其雖注京氏易傳，而京氏易所特有的，諸如納甲、六親、九族、四氣、刑德生剋等，却未見涉及，反與孟氏易相出入。太平御覽卷六百八引顏延之廷誥曰：

> 易首體備，能事之淵。馬、陸得其象數而失其理；荀、王擧其正宗而略其象數。

既馬陸並稱，長於象數，與荀王重理者自所不同。而公紀所講爲漢易家法，當無問題了。其二是虞翻的易注，虞翻和陸績同時，出於家傳孟氏易的世家，吳志卷十二翻傳注引翻別傳，載翻上易注奏云：

臣高祖父，故零陵太守光，少治孟氏易；曾祖父，故平輿令成纘，述其義；至臣祖父鳳，爲之最密；臣先考，故日南太守歆，受本於鳳，最有舊書，世傳其業，至臣五世。前人通講，多玩章句，雖有秘說，於經疏闊。臣生遇亂世，長於軍旅，習經於枹鼓之間，講論於戎馬之上，蒙先師之說，依經立注。

又奏云：

經之大者，莫過於易。自漢初以來，海內英才，其讀易者，解之率少。至孝靈之際，潁川荀諝，號爲知易，臣得其注，有愈俗儒。……又南郡太守馬融，名有俊才，其所解釋，復不及諝。……若乃北海鄭玄、南陽宋忠，雖各立注，忠少差玄，而皆未得其門，難以示世。

翻於諸家易注，少有許可，既世傳孟氏易，則他的易注篤守家法，可以想見。較之陸績注京氏，而出入於孟氏，自醇正多矣。其三爲姚信易注，其書十卷，見隋書經籍志引錄。信爲陸績外甥，張惠言易義別錄輯姚氏易注序云：

其言乾坤致用，卦變旁通。九六上下，則與虞氏之注若應規矩，元直（信字）豈仲翔（翻字）之徒歟？抑孟氏之傳在吳，元直亦得有舊聞否？

從以上三注觀之，吳地孟氏易最盛，與魏境易學講費氏，重義理，去象數，全然是兩條路子。

至於天體論，吳志卷十二陸績傳，稱績作渾天圖。開元占經卷一、卷二，都載陸績的渾天儀說，又卷六七，載陸績的渾天圖。晉書卷十一天文志，載葛洪駁王充論，中有引渾天儀注語。以上大概卽陸績的渾天圖，他主張張衡之渾天，而駁王充之蓋天。晉書天文志又稱：「至吳時，中常侍廬江王蕃善數術，傳劉洪乾，象歷依其法（依陸績法）而制渾儀，立論考度」云云，宋書卷二十三天文志同。劉說「天體員如彈丸也，而陸績造渾象，其形如鳥卵」，認爲不對，且陸績自己說天形正圓，不免矛盾。劉氏說雖是在糾正陸績，但主張渾天是一致的。王蕃，三國志卷六十五有傳，云蕃「博覽多聞，兼通術藝」，後爲孫權所殺。陸凱上疏稱蕃「知天知物」，乃是孫吳有名的天文曆算學者。他雖是廬江人，但渡江已久，仍可認爲吳人。晉志又云：「吳太常姚信造昕天論。」（錢大昕十駕齋養新錄卷五，以爲「昕」與「軒」雙聲，假借，「昕天」卽是「軒天」，因爲南高北低，其形似軒之故。）結論是「天行寒依於渾，冬依於蓋」，他認爲天體南低北高，所以稱「昕天」。又有太平御覽卷二引晉陽秋曰：「吳有葛衡，字思眞，改作渾天，使地居中，以機轉之，天轉而地立。」入晉以後，江南人論天體者仍有數家，晉書天文志載晉成帝時，虞喜作安天論，喜稱其族祖河間相聳立穹天論，此見太平御覽卷二引安天論，三國志卷五十七虞翻傳注引會稽典錄云：「聳字世龍，翻第六子。」他立穹天論，可能還在吳末。此外葛洪主渾天而駁安天、蓋天，見於晉志及抱朴子。晉書卷九十四魯勝傳，亦稱勝「著正天論」。

如上所述，可知天體論盛於江南，晉宋二書的天文志所載各家，自陸績起，也都是江南人。在漢代，天體的討論是很流行的，自淮南子的天文訓開始，以至劉向、揚雄、桓譚、張衡、馬融、王充、鄭玄等皆曾著論論之，此後，獨流行於江南，這也是江南學風近於漢代之一證。

而我們也顯然可以注意到，江南注易諸家，也各有他們的天體論，其間似乎有着某種的關聯，而此關聯，不僅在他們所講的，全是漢儒家法的易學，及漢代所流行的天體論說，而似乎有着主榦和枝葉的血脈關係，天體論更因附庸而遂爲大國了。

吳人的思想學術是保守的，風氣更是蔽固的，晉書卷五十四陸雲傳及卷六十八紀瞻傳，言陸雲、紀瞻、顧榮入洛前，於北方之學，似皆無若何之理解可言。(註一二)永嘉之亂，北人南下，中原文化如何地在南方生根，談風如何在南方開展，王導實扮演了一個最重要的角色。

世說德行篇注引丞相別傳曰：

王導，字茂弘，琅邪人。祖覽，以德行稱；父裁，侍御史。導少知名，家世貧約，恬暢樂道，未嘗以風塵經懷也。

就此以觀王導，雖與王衍、王敦、王澄同族，實際上，其間貧富，出身都差多了，而與阮咸之身世(註一三)有相似處。導却因時際會，輔佐琅邪王，得成此中興之大功，世說言語篇注引鄧粲晉紀曰：

導與元帝有布衣之好，知中國將亂，勸帝渡江。求爲安東司馬，政皆決之，號仲父，晉中興之功，導實居其首。

按琅邪王之爲安東將軍，鎭建康，在蕩陰之敗後三年之永嘉元年事，又御覽二四八引何法盛晉中興書曰：

中宗爲安東將軍，鎭下邳，請王導爲司馬，軍國之事，無不諮訪。中宗遷鎭建康，爲司馬，委以政事。

此所以說晉中興之功，導實居其首。然而對於晉室來說，導的眞正功績，並不在輔佐帝而卽大位，而在卽尊後的開張大計，務於淸靜，同書又云：

于時朝野傾心，號曰仲父。導忠于事上，達于從政，以百六之弊，寄寓江左，爲治之本，務在淸靜。

大亂之後，沒有比淸靜更爲有效的辦法了，漢王的約法三章，曹參的一仍蕭何之舊，都有它必然的理由。而清靜在於安定人心，不多事更張。在政治上，從寬恕簡易入手，世說政事篇注引徐廣歷紀曰：

導阿衡三世，經綸夷險，政務寬恕，事從簡易，故垂遺愛之譽也。

注引殷羨言行曰：

王公薨後，庾冰代相，網密刑峻。羨……嘗從容謂冰曰：「卿輩自是網目不失，皆是小道小善耳！至如王公，故能行無理事。」謝安石每歎詠此唱，庾赤玉嘗問羨：「王公治何似，詎是所長？」羨曰：「其餘令績不復稱論，然三休三治，三捉三敗。」

自然這種做法，爲很多人所不滿，然而從事實上，從理論上，是必要的。爲政如此，故對於土著，則竭誠以待之，使相交融洽，同書注引晉陽秋曰：

王導接誘應會，少有悟者。雖疏交常賓，一見，多輸寫款誠，自謂爲導所遇，同之舊暱。

對於南遷之世家巨族，則仍其舊風，倡導談論。導本爲談坐人物，今雖貴爲丞相，親加接引，作長夜之談，於當時社會，自產生極大影響，世說文學篇云：

殷中軍爲庾公長史，下都，王丞相爲之集。桓公、王長史、王藍田、謝鎭西並在，丞相自起解帳，帶麈尾，語殷曰：「身今日當與君共談析理。」既共淸言，遂達三更，丞相與殷共相往返，其餘諸賢，略無所關。

注引殷浩別傳曰：

浩善老易，能淸言。

以其時建康而言，雖談客不少，然其中高手如殷浩之流，到底分散於四方，不復如往日的集中於京師。我們要知道，對於他們，談論只不過是一種消閒的活動，而非百事不理，專務高談的。且所以爲正人君子責難的，亦只是曠達一流，文選卷四十八晉紀總論注引劉謙之晉紀曰：

太興二年，江東大饑，詔百官言事，應瞻表曰：「元康以來，賤經尙道，以元虛容放爲夷達，以儒術淸儉爲鄙俗。」

從中可以看出，這已不像傅玄的責魏氏放誕之風，而同劉弘的鄙視元康以後的賤經尙道，儒術和淸儉同爲人所鄙視，誠然，到此時爲止，除了幾位經師以外，對於儒術是不大理會的，可也不講究夷達，那只是少數人的行爲而已。在一般南下士族的心中，仍以恢復舊土爲職志，世說言語篇云：

過江諸人，每至美日，輒相邀新亭，藉卉飮宴。周侯中坐而歎曰：「風景不殊，正自有山河之異。」皆相視流淚，惟王丞相愀然變色曰：「當共戮力王室，克服神州，何至作楚囚相對？」

周侯，周顗也，可說是一正人君子，持正不阿，亦非談坐人物。可是除此之外，對邦國究有何益？反是有些談士，像王衍、王導等，說無爲而實有爲，無時不在爲垂危之國家打算中。不僅是時如此，在以前，在後來，也莫不如此。除了一些無職責在身的閒散冗員外，有職事在身的，談論只是洗濯諸事既了之後的一種消閒的活動，而職業的、業餘的談士分別也就在此，世說政事篇云：

王（濛）、劉（惔）與林公共看何驃騎，驃騎（何充）看文書，不顧之。王謂何曰：「我今故與林公來相看，望卿擺撥常務，應對玄言，那得方低頭看此邪？」何曰：「我不看此，卿等何以得存？」諸人以爲佳。

我們不能肯定地說，每個有職事在身的談士，他們的態度都是如此，而毫無例外。然而這也畢竟是一種事實，談論在當政者的心目中，只是一種消閒的活動。

世說文學篇云：

舊云：「王丞相過江左，止道聲無哀樂、養生、言盡意三理而已，然宛轉關生，無所不入。」

劉孝標注此三理，引昔人之論曰：

嵇康聲無哀樂論略曰：「夫殊方異俗，歌哭不同，使錯而用之，或聞哭而懽，或聽歌而戚，然哀樂之情均也。今用均同之情，發萬殊之聲，斯非音聲之無常乎？」

嵇叔夜養生論曰：「凡蝨著頭而黑，麝食柏而香，頸處險而癭，齒居晉而黃，豈唯蒸之使重無使輕，芬之使香勿使延哉？誠能蒸以靈芝，口以醴泉，無爲自得，體妙心玄，庶與羨門比壽，王喬爭年，何爲不可養生哉？」

歐陽堅石言盡意論略曰：「夫理得於心，非言不暢；物定於彼，非名不辨。名逐物而遷，言因理而變，不得相與爲二矣；苟無其二，言無不盡矣。」

從現存的史料中來看，王導確善清言，然而他的理論根據究是甚麼？當時的談論中心何所在？這都是問題。世說雖說王導渡江標此三理，然亦抱懷疑的態度，稱作「舊云」，而不敢肯定。劉孝標亦不能不採他人的立論，附之以見其說的大概。在這種情形之下，我們雖不能說王導其時的談論，多集中於此三理，却也可以看出正始以後的談論內容的轉移。談論的內容反應時代，也許某些談家只是在作無意識的談論，可是也脫離不了時代的圈子，每個時代各有他的中心問題。正始時代，「有无」是相對的「有无」，萬有之先，自然也好，道也好，隱約地存在着，雖說是无形可見，无名可稱，然而實是有，在這種情形下，「有」是他生的，亦是有常的。在其他問題上，不管是聖人的有無喜怒哀樂，才性的是否合離同異，莫不有常。言外有意，得意忘言，目的亦不過在尋求其常。可是在正始以後，情形變了，「有无」是絕對的「有无」，萬有之先，沒有存在，萬有不再是他生的了，只是自然而生、塊然自生，一切皆不能加以控制，可以「無常」表示之。其他生命、音聲，莫不如此。言雖能盡意，然全三國文卷四十九嵇叔夜聲無哀樂論却說：

> 外內殊用，彼我異名。聲音自當以善惡爲主，則無關于哀樂；哀樂自當以情感，則無係于聲音，名實俱去，則盡然可見矣。

沒有人生的最高指導原則，命也，運也，一切皆呈現着渺茫，「常」只是一空幻，不能想像，也不能捉摸。在談論的理據上，這一時代的談家局限於這一圈子裏，而他們自身，又無力開創另一新的境界，這時的談家，眞正只是些談家，他們不復如以前的那些談論前輩，是談家，同時也是思想家，自立一論，用談論的方式讓別人接受，而今却採用前人的一些理論，「宛轉聯生，無所不入」，談論的技巧也許更進了，而在理論方面，却已到了窮盡的地步，已經到了不得不變的時候，然所顯現的未來，却只是一片混亂，和一片渺茫。

由於王導的提倡，激起江左談論的極盛，如此一來，不僅南渡之士，覺得在這一新生的土地上，無殊於中原，而能安頓生存下去；同樣的，也給予吳地之人一新的敎育。中原之文化，眞正地在江南生根了。

（註一）參考拙著竹林七賢研究頁四—一二，於竹林七賢有極詳盡之考證。

（註二）竹林七賢研究頁五五—七。

（註三）竹林七賢研究頁三九—四一。

（註四）唐長孺魏晉玄學之形成及其發展，魏晉南北朝史論叢頁三三二。

（註五）唐長孺魏晉玄學之形成及其發展，魏晉南北朝史論叢頁三三三。

（註六）唐長孺魏晉玄學之形成及其發展，魏晉南北朝史論叢頁三三二。

（註七）唐長孺魏晉玄學之形成及其發展，魏晉南北朝史論叢頁三三二。

（註八）馮友蘭新原道頁一二八—九。

（註九）如世說德行篇所說：「王戎父渾，有令名，官至涼州刺史。渾薨，所歷九郡義故，懷其德惠，相率致賻數百萬，戎悉不受。」注引虞預晉書曰：「戎由是知名。」與後日戎之貪吝，正是兩極端。

（註一〇）世說注頗引永嘉流人之名，蓋指永嘉年間南遷之北方巨族名士，已可視之為一專有名詞。

（註一一）見唐長孺讀抱朴子推論南北學風的異同，魏晉南北朝史論叢頁三六四。

（註一二）晉書卷五十四陸機傳附陸雲傳曰：「初，雲嘗行逗宿故人家，夜暗迷路，莫知所從，忽望草中有火光，於是趣之，至一家，便寄宿，見一年少，美風姿，共談老子，辭致深遠，向曉辭去。行十許里，至故人家，云此數十里中無人居，雲意始悟，却尋宿處，乃王弼冢。雲本無玄學，自此談老殊進。」水經穀水注引袁氏王陸詩敍、太平御覽卷六一七、八八四、太平廣記卷三一八引異苑，皆引此事，而互有異同。又晉書卷六十八紀瞻傳曰：「召拜尚書郎，與（顧）榮同赴洛，在塗共論易太極。」均說明南人北去前心理上之準備，唐長孺讀抱朴子推論南北學風的異同曾對之加以分析，可參看。

（註一三）世說任誕篇注引竹林七賢論曰：「諸阮前世皆儒學，善居室，唯咸一家尚道棄事，好酒而貧。」今以王導比之阮咸者，但就家境之貧困比於同族者而言。

八　東晉時代的思想家

渡江以後的江南談風，又復盛極一時，依稀舊時景象，足以使人忘去故國之思。談士們聚集在談坐上，談的是舊時的課題，但騁言辯，信口雌黃，爲「談」而「談」。他們所懷念的，只是正始之音，而對那些正始談家所以能賦予正始之音的生命，是因爲他們本身還兼思想家這一點，却無絲毫的認識。因之，這時的談論，缺少着一種內在的創發力量，純粹是一種技巧的炫耀而已。

雖然這一時期的談士，沒有獨立創發的思想，足以令談風生色，却並非是說這一時期的中國思想界，是一片全然的空白。只不過是在這一時期，談論和思想分途，談士不兼思想家，而思想家，也多不復是談士，這點是我們需要特別加以注意的。

照時代的先後來說，第一位是葛洪，在他所著的抱朴子自敍篇中云：

抱朴子者，姓葛，名洪，字稚川，丹陽句容人也。……年十六，始讀孝經、論語、詩、易，貧乏無以遠尋師友，孤陋寡聞，明淺思短，大義多所不通，但貪廣覽，於衆書乃無不暗誦精持，曾所披涉，自正經諸史百家之言，下至短雜文章，近萬卷。既性闇善忘，又少文，意志不專，所識者甚薄，亦不免惑，而著述時猶得有所引用，竟不成純儒，不中爲傳授之師。其河洛圖緯，一視便止，不得留意也。不喜星書，及算術、九宮、三棊、太一、飛符之屬，了不從焉，由其苦人而少氣味也。晚學風角，望氣、三元、遁甲、六壬、太一之法，粗知其旨，又不研精。……洪年二十餘，乃計：「作細碎小文，妨棄功日，未若立一家之言。」乃草創子書，會遇兵亂，流離播越，有所亡失，連在道路，不復校筆十餘年，至建武中乃定。凡著內篇二十卷、外篇五十卷、碑頌詩賦百卷、軍書檄移章表箋記三十卷、又撰俗所不列者，爲神僊傳十卷、又撰高尙不仕者，爲隱逸傳十卷、又抄五經七史百家之言，兵事方伎短雜奇要三百一十卷、別有目錄。其內篇，言神僊方藥鬼怪變化養生延年禳邪却禍之事，屬道家，其外篇，言人間得失世事臧否，屬儒家。……

當晉元帝建武年間，稚川已「齒近不惑」，距其開始撰寫之時，已十餘年之久。然既成於建武，遂爲定論，則自可同以說明他渡江以後的思想。稚川學甚駁雜，既以「神僊方藥鬼怪變化養生延年禳却禍之事」爲內篇，「人間得失世事臧否」爲外篇，則他的重輕，和學之本末可知。內篇卷四金丹篇云：

昔左元放於天柱山中精思，而神人授之金丹仙經，會漢末亂，不遑合作，而避地來渡江東，志欲投名山以修斯道。余從祖仙公，又從元放受之，凡受太清丹經三卷，及九鼎丹經一卷，金液丹經一卷。余師鄭君者，則余從祖仙公之弟子也，又於從祖受之。而家貧無用買藥，余親事之灑掃，積久，乃於馬迹山中，立壇盟受之，並諸口訣，訣之不書者。江東先無此書，書出於左元放，元放以授余從祖，從祖以授鄭君，鄭君以授余，故他道士，了無知者也。然余受之已二十餘年矣。

卷十六黃白篇、卷十九遐覽篇亦有相同之記載。至晉書卷七十二本傳，謂洪傳鮑玄之業，既不見於抱朴子，即有之，亦當爲建武以後之事。侯外廬氏並加考證，以爲鮑玄其人，可能即晉書卷八十許邁傳中之鮑靚（註二），眞僞難辨，可以不論。

葛洪在思想上的貢獻，遠不如他對神僊方藥的貢獻。他上承左慈、葛玄、鄭隱一線相傳的道統，明有所本，但却不以守其學而滿足。他所努力的，是想賦予神僊方藥鬼怪變化養生延年禳邪却禍之事一學理之基礎。他在抱朴子自敍篇中，既云以其爲內篇，並曰「屬道家」，而此即他的本意所在，欲以神僊方藥鬼怪變化養生延年禳邪却禍之事屬諸道家，而這種雜揉的痕跡是很顯然的，抱朴子內篇開宗明義暢玄卷第一云：

玄者，自然之始祖，而萬殊之大宗也。眇眛乎其深也，故稱微焉，緜邈乎其遠也，故稱妙焉。其高則冠蓋乎九霄，其曠則籠罩乎八隅。光乎日月，迅乎電馳。或倏爍而景逝，或飄滭而星流，或滉瀁於淵澄，或雰霏而雲浮。因兆類而爲有，託潛寂而爲無。淪大幽而下沉，淩辰極而上游。金石不能比其剛，湛露不能等其柔。方而不矩，圓而不規。來焉不見，往焉莫追。乾以之高，坤以之卑。雲以之行，雨以之施，胞胎元一，範鑄兩儀。吐納大始，鼓冶億類。佪旋四七，匠成草昧。轡策靈機，吹噓四氣。幽括沖默，舒闡粲尉。抑濁揚清，斟酌河渭。增之不溢，挹之不匱。與之不榮，奪之不瘁。故玄之所在，其樂不窮，玄之所去，器弊神逝。……夫玄道者，得之乎內，守之者外，用之者神，忘之者器，此思玄道之要言也。

如此說來，玄之爲物，既爲自然之始祖，萬殊之大宗，自爲本體之所在。無所不有，無所不能，無所不爲，而無所不在。然卷九道意篇曰：

道者，涵乾括坤，其本無名。論其無，則影響猶爲有焉；論其有，則萬物尚爲無焉。隸首不能計其多少；離朱不能察其髣髴。吳札晉野竭聰，不能尋其音聲乎窈冥之內；[犭周]狶[犭步]猪疾走，不能迹其兆朕乎宇宙之外。以言乎邇，則周流秋毫而有餘焉；以言乎遠，則彌綸太虛而不足焉。爲聲之聲，爲響之響，爲形之形；爲影之影。方者得之而靜，圓者得之而

動，降者得之而俯，昇者得之以仰。强名爲道，已失其眞，況復乃千割百判，億分萬析，

使其姓號，至於無垠，去道遼遼，不亦遠哉！

道之爲道，似與玄之爲玄不異，如果我們要强爲之解析分別，則稚川之所謂玄，偏於體說，而道，則偏之於用。故其名篇，曰「道」意，曰暢「玄」。而暢玄篇中言有所謂「玄道」者，得之乎內，守之者外，用之者神，忘之者器，並曰：

高不可登，深不可測。乘流光，策飛景；凌六虛，貫涵溶。出乎無上，入乎無下。經乎汗漫之門，遊乎窈眇之野。逍遙恍惚之中，倘佯彷彿之表。咽九華於雲端，咀六氣於丹霞。徘徊茫昧，翺翔希微，履略蜿虹，踐躡璇璣，此得之者也。

其次，則眞知足。知足者則能肥遁，勿用頤光山林。紆鸞龍之翼於細分之伍，養浩然之氣於蓬蓽之中。繿縷帶索，不以貿龍章之暐曄也；負步杖筴，不以易結駟之駱驛也。藏夜光於嵩岫，不受他山之攻；沈鱗甲於玄淵，以違鑽灼之災。動息知止，無往不足。棄赫奕之朝華，避僨車之險路。吟嘯蒼崖之間，而萬物化爲塵氛，怡顏豐柯之下，而朱戶變爲繩樞。握耒甫田，而麾節忽若執鞭；啜荈漱泉，而太牢同乎藜藿。泰爾有餘歡於無爲之場，等忻然齊貴賤於不爭之地。含醇守樸，無欲無憂，全眞虛器，居平味澹。恢恢蕩蕩，與渾

成其自然；浩浩茫茫，與造化鈞其符契。如闇如明，如濁如清。似遲而疾，似虧而盈。豈肯肎委尸祝之壇，釋大匠之位。越樽俎以代無知之庖，舍繩墨而助傷手之工。不以臭鼠之細瑣，而爲庸夫之憂樂。藐然不喜流俗之譽，坦不懼雷同之毀。不以外物汩其至精，不以利害汚其純粹也。故窮富其貴，不足以誘之焉，其餘何足以悅之乎？直刃沸鑊，不足以劫之焉，謗讟何足以戚之乎？常無心於衆煩，而未始與物雜也。

稚川尙乎神而次知足。以爲神用，而後始可謂有得於玄道。遂由萬有之本體，一落而到體玄之神，是名爲仙。故第二卷曰「論仙」，第三卷曰「對俗」，肆言神仙之道。而神仙之道，即所以求長生，洪之序內篇曰：

今爲此書，粗擧長生之理。

而內篇二十卷所說，莫非神仙，莫非長生，葛洪不過假道家之名，說神仙長生之實。論仙篇云：

若夫仙人，以藥物養身，以術數延命，使內疾不生，外患不入，雖久視不死，而舊身不改，苟有其道，無以爲難也。而淺識之徒，拘俗守常，咸曰：「世間不見仙人，便云天下必無此事。」夫目之所曾見，當何足言哉？

又對俗篇云：

或人難曰：「人中之老彭，猶木中之有松柏，稟之自然，何可學得乎？」抱朴子曰：「夫陶冶造化，莫靈於人。故達其淺者，則能役用萬物；得其深者，則能長生久視。知上藥之延年，故服其藥以求仙；知龜鶴之遐壽，故效其道引以增年。……能修彭老之道，則可與之同功矣。若謂世無仙人乎？然前哲所記，近將千人，皆有姓字，及有施爲本末，非虛言也。若謂彼皆特稟異氣，然其相傳，皆有師奉服食，非生知也。……」

洪以爲神仙雖體玄道，然可學致，似較嵇叔夜養生論更進一步，養生論曰：

世或有謂神仙可以學得，不死可以力致者。或云上壽百二十，古今所同，過此以往，莫非夭妄者。此皆兩失其情，試粗論之，夫神仙雖目不見，然記載所載，前史所傳，較而論之，其有必矣。似特受異氣，稟之自然，非積學所能致也。至於導養得理，以盡性命，上獲千餘歲，下可數百年，可有之耳。

叔夜之時，或有謂神仙可學而得，而叔夜則持稍謹愼之態度，以爲神仙雖有，似特受異氣，稟之自然，非積學能致，故及養生而止。稚川則以神仙可學而得，故於論仙後，更告以致之之道。道家本無神仙之說，今說神仙，而强歸之於道家，正以神仙之說初不爲世所重，其原因卽在徒明修道之方，而無形上之根據，淺薄自所必然，卷四金丹篇云：

抱朴子曰：余考覽養生之書，鳩集久視之方，曾所披涉，篇卷以千計矣。莫不皆以還丹、金夜爲大要者焉。然則此二事，蓋仙道之極也。服此而不仙，則古來無仙矣。往者上國喪亂，莫不奔播四出，余周旋徐、豫、荊、襄、江、廣數州之間，閱見流移俗道士數百人矣。或有素聞其名，乃在雲日之表者，然率相似如一，其所見深淺有無，不足以相傾也；雖各有數十卷書，亦未能悉解之也。

而葛氏不僅整理此類篇卷以千計之仙道之書，作一系統之描述；亦在使與道家之說雜揉，而燦然可觀。然洪所謂之道家，是漢時黃老之老，司馬談論六家要旨之道，卷十明本篇說得極爲明白。而本篇實也是葛洪對內道外儒的一個解釋：

或問儒道之先後，抱朴子答曰：「道者，儒之本也；儒者，道之末也。……凡言道者，上自二儀，下逮萬物，莫不由之。但黃老執其本，儒墨治其末耳。……夫體道以匠物，寶德以長生者，黃老是也。黃帝能治世致太平，而又昇仙，則未可謂之後於堯舜也。老子既兼綜禮教，而又久視，則未可謂之爲減周孔也。故仲尼有竊比之嘆，未聞有疵毀之辭。而末世庸民，不得其門，修儒墨而毀道家，何異子孫而詈祖考哉！是不識其所自來，亦已甚矣。……」

而儒雖爲道之末，却爲應世之所需。然儒道畢竟是兩事，尤其是葛氏所講之道，合神仙長生與道德而言，已屬勉强，再推之儒術，自更不可。抱朴子篇分內外，而各盡其情，確是一個較好的安排。

在晉室渡江以後的思想界，王坦之、韓伯、張湛是較晚起的，却幾乎都是同一時期的人物。王坦之有廢莊論，以爲莊生之說，「推顯以求隱，理得而情昧」，「雖可用于天下，不足以用天下人」，然而文度又說，「以在儒而非儒，非道而有道，彌冠九流，玄同彼我，萬物用之而不旣，亹亹日新而不朽，昔吾孔老固已言之矣」，雖廢莊而孔老並舉，所循道途是很顯然的。

韓伯與張湛則折中儒道，爲東晉思想界最重要的兩家，試分別論之。

列子的成書時代，學者迄無定論(註二)。張湛列子序，言其書始末甚詳，後人多有疑列子一書卽出於處度之手者(註三)，今採較保守的態度，但用序及注文以明處度之思想。列子序云：

其書大略：明羣有以至虛爲宗，萬品以終滅爲驗，神惠以凝寂常全，想念以著物自喪，生覺與化夢等情，巨細不限一域，窮達不假智力，治身貴於肆任，順性則所之皆適，水火可蹈，忘懷則無憂不照，此其旨也。然所明往往與佛經相參，大歸同於老莊，屬辭引類，特與莊子相似，莊子、愼到、韓非、尸子、淮南子，玄宗旨歸，多稱其言，遂注之云爾。

從序中可見列子一書思縷龐雜的情形。而處度注此書之時，亦正當此土談坐，各以談論技巧相炫，「辭勝而正理失」，括取前人的一些牙慧，並無成套的學理根據，佛教遂得乘虛而入，處度之注，也確能表現這種時代的精神。

生者不死，死者不生，故生之爲生，忽爾而自生，天瑞篇「夫有形者生於無形」注。

謂之生者則不死，無者則不生，故有無之不相生，理既然矣，則有何由而生？忽爾而自生。忽爾而自生，而不知其所以生；不知其所以生，生則本同於無，本同於無而非無也。此明有形之自形，無形以相形者也。

雖說是「有形之自形，無形以相形者也」，然生化固有所本，「故生物者不生，化物者不化」注引向秀曰：

吾之生也，非吾之所生，則生自生耳，生生者豈有物哉？故不生也；吾之化也，非物之所化，則化自化耳，化化者豈有物哉？無物也，故不化焉。若使生物者亦生，化物者亦化，則與物俱化，亦奚異於物？明夫不生不化者，然後能爲生化之本也。

既有不生不化之生化之本，而萬物的生化，自必有他力的存在。這與前面的說法顯然有矛盾之處，處度似乎也並沒有能加以解決，甚至沒有加以適切的注意。他的觀點，毋寧可以說是走的郭象的路子，而非向秀的。故於吾之生也，吾之化也，既無自主的可能後，擧子玄之說以明之。「汝身非汝有也，汝何得有夫道」注引郭象曰：

夫身者，非汝所能有也，塊然而自有耳。有非所有，而況無哉？

又「程生馬，馬生人，人久入於機，萬物皆出於機，皆入於機」注：

夫生死變化，胡可測哉？生於此者或死於彼，死於彼者或生於此，而形生之主未嘗暫無。是以聖人知生不常存，死不永滅，一氣之變，所適萬形，萬形萬化，而不化者存歸於不化，故謂之機。機者，羣有之始，動之所宗，故出無入有，散有反無，靡不由之也。

天道人事，莫不如此，吾何能爲之力，因此「故生不知死，死不知生，來不知去，去不知來，壞與不壞，吾何容心哉」注云：

生之不知死，猶死之不知生。故當其成也，莫知其毀；及其毀也，亦何知其成。如去來之見驗，成敗之明徵，而我皆叩之，情無彼此，何處容其心乎？

在如此情形下，我們只能說「這是命」，命該如此，雖智力無施其巧，力命篇注曰：

命者，必然之期，素定之分也。雖此事未驗，而此理已然。若以壽夭存於御養，窮達係於智力，此惑於天理也。

所以注「自壽自夭，自窮自達，自貴自賤，自富自貧」云：

不知所以然而然者，命也，豈可以制也。

天理如是，違天不祥，愚昧、玄達之分別也就在這地方。「汝疾不由天，亦不由人，亦不由鬼，稟生受形，既有制之者矣，亦有知之者矣」注：

夫死生之分，修短之期，咸定於無爲，天理之所制矣。但愚昧者之所惑，玄達者之所悟也。

從玄達者看來，吾之生也既不可絕，吾之死也亦不可禦，天瑞篇「生者理之必終者也，終者不得不終，亦如生者之不得不生」注：

生者不生而自生，故雖生而不知所以生，則生不可絕；不知所以死，則死不可禦也。

設再擴大一點看，生是終還是始，死是始還是終，實在難說。終始既難分，則生死自無哀樂的可言。「終進乎不知也」注：

聚則成形，散則爲終，此世之所謂終始也。然則聚者以形實爲始，以離散爲終，散者以虛漠爲始，以形實爲終。故迭相與爲終始，而理實無終無始者也。

又湯問篇「物之終始，初無極已。始或爲終，終或爲始，惡知其紀」注亦曰：

今之所謂終者，或爲物始；所謂始者，或是物終。終始相循，竟不可分也。

再由終始，推之於人事，一任其自然，而無適無莫，黃帝篇「不知樂生，不知惡死，故無夭殤；不知親己，不知疏物，故無愛憎；不知背逆，不知向順，故無利害」注：

理無生死，故無所樂惡；理無愛憎，故無所親疏；理無逆順，故無所利害也。

此最能得性之和，應理處順，自所適常通，所以天瑞篇「老無妻子，死期將至，故樂若此」注曰：

所謂樂天知命，故無憂也。

又「大哉死乎！君子息焉，小人伏焉」注：

樂天知命，泰然以待終，君子之所以息；去離憂苦，昧然而死，小人之所以伏也。

達人的所以能樂天知命而無憂，蓋以知萬事可以理推，而不可以器徵，此正俗士之所難以爲解者也，湯問篇「亦吾所不知也」注：

夫萬事可以理推，不可以器徵。故信其心智所知及，而不知所知之有極者，膚識也；誠其耳目所聞見，而不知視聽之有限者，俗士也。至於達人，融心智之所滯玄，悟智外之妙理，豁視聽之所閡遠，得物外之奇形。若夫封情慮於有方之境，循局步於六合之間者，將謂寫載盡於三墳五典，歸藏窮於四海九州，焉知太虛之遼廓，巨細之無垠，天地為一宅，萬物為游塵，皆物短見於當年，時然而俱終。

處度又接着說：

故列子闡無內之至言，以坦心智之所滯，恢無外之宏唱，以開視聽之所閡。使希風者，不覺矜伐之自譯，束帶者，不知桎梏之自解。故刳斫儒墨，指斥大方，豈直好奇尚異，而徒為夸大哉？

扇揚我是，以張彼非，而最為處度——渡江前後談論精神之代表者——所詈罵的，亦就是最不滿意張湛這輩的禮教人士。在處度看來，這些人直是不達於生生之極。楊朱篇注曰：

夫生者，一氣之暫聚，一物之暫靈。暫聚者終散，暫靈者歸虛。而好逸惡勞，物之常性，故當生之所樂者，厚味美服好色音聲而已耳，而復不能肆性情之所要，耳目之所娛，以仁義為關鍵，用禮教為衿帶，自枯槁於當年，求餘名於後世者，是不達乎生生之極也。

在當時，禮教的為人所厭惡，在於對複雜的社會環境，並不能提供任何的有用方案，只被用來作維持地位的幌子，非但不能使人心胸開濶，生機勃勃，相反地，暮氣沈沈，毫無作為，因而產生曠達荒放的大反動。然而，他們却跑錯了路子，反陷入了泥淖，不得不再回向禮教之途，而在另一方面尋找出路，張湛的列子注只是這種反動的一個總結。在王澄、謝鯤、胡毋輔之以後，確難使人再發現他們的同路人；而僧伽中，亦漸趨向理義靜修之道途，韓伯的易繫辭注，就是這潮流中的一個代表性著作。

韓伯字康伯潁川人，世說賞譽篇注引續晉陽秋曰：

> 康伯清和有思理，幼爲舅殷浩所稱。

同書德行篇注引鄭緝孝子傳曰：

> 康伯母親，州刺史殷浩之妹，聰明婦人也。

雖康伯見稱於乃舅殷浩，然致力處異，成就亦異。又文學篇注引浩別傳曰：

> 浩善老易，能清言。康伯，浩甥也，甚愛之。

然老易特非浩所專精，又引高逸沙門傳曰：

> 殷浩能言名理。

又引語林曰：

> 浩於佛經有所不了，故遣人迎林公。林乃虛懷欲往，王右軍阻之曰：「淵源思致淵富，既未易爲敵，且已所不解，上人未必能通，縱復服從，亦名不益高，若佻脫不合，便喪十

年所保，可不須往。」林公亦以爲然，遂止。

這固然是潮流所向，龐雜無所不學，然成就自受影響。康伯則專務一方，而卓然有以名家。隋書經籍志云：

周易十卷　魏尙書郎王弼注六十四卦六卷，韓康伯注繫辭以下三卷，王弼又撰易略例一卷。

此云韓注易繫辭以下三卷，然後又云：

周易繫辭二卷　晉太常韓康伯注。

可能後者不過是前者獨立而成篇，卷數亦加省略，題作「韓康伯」，蓋著其字。陳振孫書錄解題、晁公武郡齋讀書志，均載康伯易注二卷，卽是書。至繫辭正義以康伯爲王弼門人，晁公武亦沿其說，不知何據。然而康伯易注於闡發周易略例處，頗多發明，可相互印證。

卦象蓍數，相生相長，爲易之大用，說卦「觀象於陰陽立而卦」注云：

卦，象也，蓍，數也。卦則雷風相薄，山澤通氣，擬象陰陽變化之體；蓍則錯綜天地參兩之數。蓍極數以定象，卦備象以極數。故蓍曰參天兩地而倚數，卦曰觀變於陰陽也。

然而問題在天道甚微，而卦蓍有定，以可盡之言，說無窮之事，人知其不可，因而討論到繫辭所謂之「書不盡言，言不盡意」的核心問題中去了，輔嗣在他所撰的周易略例明象篇曾加討論，康伯注繫辭上，於「是以君子將有爲也，將有行也，問焉而以言，其受命也如響，无有遠近幽深，遂知來物，非天下之至精，其孰能與於此；參伍以變，錯綜其數，通其變，遂定天下之象，非天下之至變，其孰能與於此；易，无思也，无爲也，寂然不動，感而遂通天下之故，非天下之至神，其孰能與於此」，則曰：

夫非忘象者，則无以制象；非遺數者，无以極數。至精者無籌策而不可亂；至變者體一而无不周；至神者寂然而无不應。斯蓋功用之母，象數所由立。故曰：非至精至變至神，則不得與於斯也。

由於言異象衆，繁惑由坐。然事物都有它一定的道理，沒能把握這一道理的中心所在，則自然無往不利了。也就是前說「至精者无籌策而不可亂，至變者體一而无不周，至神者寂然而不應」所以如此之故，此亦即是王弼周易略例明象篇所謂「貞夫一者」的全體大用。故注「大衍之數五十，其用四十有九」，遂引王弼之說曰：

演天地之數，所賴者五十也。其用四十有九，則其一不用也。不用而用之以通，非數而數之以成，斯易之太極也。四十有九，數之極也。夫无不可以无明，必因於有，故常於有物之極，而必明其所由之宗也。

「不用而用之以通，非數而數之以成」，這就是一的全體大用。道之所以爲道，亦在於能用一，也就是前面所說的「非忘象無以制象，非遺數無以極數」的更進一層說法。又繫辭下「若夫雜物撰德，辯是與非，則非其中爻不備。噫！亦要存亡吉凶，則居可知矣。知者觀其彖辭，則思過半矣」注：

夫彖者，擧立象之統，論中爻之義，約以存博，簡以兼象，雜物撰德，而一以貫之。形之所宗者道，衆之所歸者一。其事彌繁，則愈滯乎形；其理彌約，則轉近乎道。彖之爲義，存乎一也；一之爲用，同乎道矣。形而上者，可以觀道過半之益，不亦宜乎！

形而上者謂之道，形而下者謂之器，道器之分，就看能不能執一守約，說得極爲親切。

東晉時期的思想界，雖說是充滿了佛教的氣息，然康伯的易注，返之正始，遠承輔嗣。這一套純淨的清言家正統的理論，較之渡江以後所出現的張湛列子注新引魏晉以來諸家說法，更顯出他的可貴。雖然對當時的談風並未發生若何之影響，但透露了消息，顯示一新時代即將來臨，自然，中間是有着一段距離的。

（註一）　見侯外廬等中國思想通史第三卷頁一二八〇。

（註二）楊伯峻列子集釋附錄三辨僞文字輯略，及後記，採蒐極爲詳備，可資參考。

（註三）就現有之資料，諸家考證所得，列子一書，成於魏晉以後當無問題，由於張湛注，與列子本文間，尚有差異處，可以說是減輕了，却並非完全否定了列子爲處度所僞的可能性。

九　玄釋之交融

從魏到晉，談論不斷地發展。而從不斷地發展中的談論，逐漸顯示出它的危機。談是以求理爲目的者，然而，談論的理論圈子，畢竟是太狹窄了一些。雖說由易老而莊，使正始以後的談論，獲致新的課題，而有了新的開展，到底也有窮盡的一日。渡江前後的談坐，正說明了這一點，談論的技巧日進，「宛轉關生，無所不入」，非但無益于談論本身，且因辭勝的結果，造成正理之失，愈顯出談論的空虛無聊。東晉的思想界雖不是一頁空白，却依襲之氣氛太重，無復新義產生，說不上有什麼成就。在如此一種情形下，僧伽打進了談坐，而佛理也藉機進入了中國的思想界。

佛教何時開始入華，在衆多的說法中，似乎很難有一個確切的答案(註一)。從現存的資料看來，到了東漢的時候，雖有着很多的迹象顯示佛教的流布，然而可能只是像湯錫予氏所說的，它只是附方術以推行，爲道術的支流附庸而已，雖能得到一些皇室的信仰崇奉，却不爲經師學者所齒(註二)。即就桓靈以後，安世高、支婁迦讖輩，雖號稱譯經大師，然而所譯不事文飾，多存胡音，僧佑出三藏記集新集安公注經及雜經志錄云：

佛之著教，眞人發起，大行于外國，有自來矣。延及此土，當漢之末世，晉之盛德也。然方言殊音，文質從異，譯梵爲晉，出非一人，或善梵而質晉，或善晉而未備梵，衆經浩然，難以折中。

支慜度合首楞嚴經記亦云：

（支）讖，月支人也。漢桓靈之世，來在中國。其博學淵妙，才思測微，凡所出經，類多深玄，貴尙實中，不存文飾。……（支越）亦云出此經，今不見復有異本也。然此首楞嚴，自有小不同，辭有豐約，文有晉胡，較而尋之，要不足以爲異人別出也。恐是越嫌讖所譯者，辭質，多胡音。所異者刪而定之，其所同者述而不改，二家各有記錄。比此一本，於諸本中，辭最省便，又少胡音，偏行於世，卽越所定者也。

多存胡音，而類多深玄，國人多不能了了，自屬當然之事。在較早時期，傳來的佛理，除開膚淺(註三)之外，且有很多地方，與中國的傳統說法不合，自更難爲中國人所接受了。這種情形的改善當在三國以後，而在緩慢，漸進的過程裏，也只能作一個「點」的說明。且除了僧人們的記錄外，沒有更客觀的材料可以使用，自然影響了史料的眞實性，這也是一件無可奈何的不得已之事。

湯氏曾對這一時期的佛教，作了個概括性的描述和分析(註四)，他說：

漢末洛都佛教，有二系統，至三國時，傳播於南方。一爲安世高之禪學，偏於小乘，其重要典籍，爲安般守意經、陰持入經，安玄之法鏡經，及康氏之六度集經等。安之弟子，有嚴浮調，臨淮人也；此外，有南陽韓林、潁川皮業、及會稽陳慧，而生於交阯之康僧會，曾從三人問學。現存藏經中，有陰持入經注，其作者不明（標題爲陳慧，但序中自稱爲密），但仍出於安世高之系統，而爲西晉前作品也（其所引經均漢魏人譯）。二爲支讖之般若，乃大乘學，其重要典籍，爲道行經、首楞嚴經，及支謙譯之維摩與明度等。支讖之弟子支亮，支亮之弟字支謙。世高與讖同在洛陽，僧會與謙同在建業，二者雖互相有關涉，但其系統，在學說及傳授上，固甚爲分明也。

牟子者，處於南方，頗喜老子之玄致，與支謙一系之學說甚見同氣也。

支謙，康僧會，系出西域，而生於中土，深受華化，譯經尙文雅，遂常擷拾中華名詞與理論，羼入譯本，故其學均非純粹西域之佛敎也。又牟子採老莊之言，以明佛理。僧會安般、法鏡二序，亦頗襲老莊名詞典故。而同時有陰持入經注，讀之尤見西方、中夏思想之漸相牽合，嵇康、阮籍所用之理論，亦頗見於是書中。安世高、康僧會之學說，主養生成神；支讖、支謙之學說，主神與道合。前者與道敎相近，上承漢代之佛敎；而後者與玄學同流，兩晉以還所流行之佛學，則上接二支，明乎此，則佛教在中國之玄學化，始於此時，實無疑也。

按牟子多引孔門與老子之說，並未如湯氏所說「採老莊之言」，康僧會二序亦然，因當三國的中晚期，老學極盛，莊書的研究尚在萌芽，在這種情形之下，不僅以老解孔，且用老來擬佛，這也是由於環境所逼，和事實的需要。

正始的談風，由於何晏的倡導，而達於極盛，轉移了一切的注意力。康僧會、支謙，甚至于牟子，雖處於南方，然而由於南方學術思想界的守舊，他們的努力，只如投石而激起了微弱的漪漣，在一般人的心目中，仍然是陌生的，並沒有受到多少人的注意，自然，也產生不了多少的影響。

早期的佛教是附方術而傳播的，也許會爲皇室及達官貴人們所信崇，然而在他們看來，「浮屠尙仁慈」是它的全部教義。一個外來的宗教，倘無深厚的理論基礎，要在中國學術思想界占得一席地位，想在我們這個社會立足，將是一件很困難的事。佛教在這一方面，是毫無問題的，它深邃的教義，無盡的寶藏，足夠此土人探索，問題是在如何才能爲此方人士所接受，這是漢魏僧伽所致力，而未能做到的。情形的改善，我們可以說，是由於以下三點原因：

一、般若的譯出。

二、格義的應用。

三、談坐的參預。

根據記載，早於漢靈帝光和、中平年間，支婁迦讖、竺朔佛，即已譯有道行經，這是摩訶般若波羅密經第一品。吳支謙又有道行異譯之大明度無極經。朱士行西行得梵本九十章，無羅叉、竺叔蘭譯出爲放光般若經。而西晉竺法護譯光讚般若，乃放光大品之異譯；又譯有小品經七卷。衞士度有摩訶般若波羅密道行經二卷。東晉則有曇摩蜱、竺佛念之般若經抄。至鳩摩羅什，遂大、小品而並譯之，此爲放光、道行，又一異譯。是漢晉間般若之傳譯，大品有三，而小品有六，(註五)不可謂不盛。而般若最重要的，是在它的經義，與此土的老莊，有些相通之處，釋道安鼻奈耶序曰：

> 經流秦土，有自來矣。隨天竺所持來經，遇而便出，於十二部，毗日羅部最多。以斯邦人老莊敎行，與方等兼忘相似，故因風易行也。

內典外書，既可相通，在先天上，已具備了可以爲國人接受的必要條件了。

而晉以後的僧伽，多有此土人士，且由於浸潤外書多年，學養極深，不復再像漢魏間牟子輩生吞活剝孔老之書，而能作融會的說理，高僧傳卷四支孝龍傳曰：

> 時或嘲之曰：「大晉龍興，天下爲家，沙門何不全髮膚、去袈裟、釋梵服、被綾羅？」龍曰：「抱一以逍遙，唯寂以致誠。剪髮毀容，改服變形，彼謂我辱，我棄彼榮，故無心於貴而愈貴，無心於足而愈足矣。」其機辯適時，皆此類也。

像此種口吻，出於一僧人之口，寧不使人驚奇。這些話，可以說是全盤從嵇康養生論：「無爲自得，體妙心玄，忘歡而後樂足，遺生而後身存」，「則足者不須外，不足者無外之不須也」中變化出來，也許是支孝龍另有會心，然又何其相似之甚也。設對老莊之學沒有深切的理解，寧能至此？同一般若，異譯如此之多，由於事實之需要，譯出愈晚的，胡音愈少，文飾愈多，以便於晉人之閱讀(註六)。在當時部分僧伽之設想，轉胡爲晉，晉文愈多，收效愈大；如能卽就中華固有名詞理論代之，豈不更爲事半功倍？在這種情形之下，格義的產生，不僅是需要，且爲一自然的結果。首先倡導的，是竺法雅，高僧傳卷四雅傳曰：

> 少善外學，長通佛義。衣冠仕子，或附諮禀；時依雅門徒，並世典有功，未善佛理。雅乃與康法朗等，以經中事數，擬配外書，爲生解之例，謂之格義。

蓋當時僧人，大半皆此土生長，少善外學，並世典有功，由於時勢所趨而爲僧伽，這是不容諱言的。然佛經常用事數，而此事數，照世說文學篇劉孝標注：

事數，謂者五陰、十二入、四諦、十二因緣、五根、五力、七覺之屬。

像這一類事數，對於中國人來說，自然是極難于了解的。因之擬配外書，遞互講說，在佛教教義尚不太爲一般人所熟悉的早期，自有他的效用。這種困難，既然是普遍地存在着，因之，在竺法雅、康法朗等首起倡導使用後，風行一時，雅傳接着說：

及毗浮、曇相等，亦辯格義以訓門徒。雅風彩灑落，善於樞機，外典佛經，遞互講說，與道安、法汰，每披釋湊疑，共盡經要。後立寺於高邑，僧衆百餘，訓誘無懈。

格義的普遍使用，激起一些佈教大師們的憂慮，主要的，是認爲它於理多違，高僧傳卷五僧光傳，引光與道安間的爭論云：

安曰：「先舊格義，於理多違。」光曰：「且當分析逍遙，何容是非先達？」安曰：「弘贊理敎，宜令允愜，法鼓競鳴，何先何後？」

本來，格義之爲用，權宜行之，尚無不可，而它的先決條件，在不能違失敎義。故道安雖悟格義的不妥當，然而用外書說內典也認爲確有其不可廢除的地方，故特聽慧遠的不廢俗書，高僧傳卷六釋慧遠傳：

故少爲諸生，博綜六經，尤善莊老。……年二十四，便就講說，嘗有客聽講，難實相義，往復移時，彌增疑昧，遠乃引莊子義爲連類，於惑者曉然。是後，安公特聽慧遠不廢俗書。

而道安等大師，雖反對格義連類，以外書說內典，然同書卷五道安傳，引習鑿齒與謝安書曰：

其人理懷簡衷，多所博涉，內外羣書，略皆徧覩；陰陽算數，亦皆能通；佛經妙義，故所遊刃。

從道安等所撰諸文辭看來，亦可以證明他們確是「內外羣書，略皆徧覩」的。他們不是不懂外書，而是怕多違正理。因爲使用一繁，才力不齊，一所不及，便生差誤。而道安的所以允許惠遠的不廢俗書，亦因爲感到其力足以用俗書而不致違失正理。否則，雖事實需要，恐亦不會輕易答應他了。

格義因中華之人初學內典，一時難了，而爲之權宜之計。其後則一方面因大師們的反對；再者佛經所出漸多，誦習漸漬，而格義也就成爲歷史上的名詞。雖然在頗多地方，還是習慣採用此土的名詞和理論，用來解說佛理，在如此一個環境下，似乎是難以避免的。

在魏晉兩百年中，談論扇而成風，談坐變成人們受教育的場所。而談坐永遠是開放着的，當佛教般若之學正普遍受到注意，却是談坐理論最貧乏之時，僧伽們遂自然而然地走進了談坐。而僧伽們夙日的行爲，也可與當時名士相比，高僧傳卷四支孝龍傳曰：

支孝龍，淮陽人。少以風姿見重，加復神彩卓犖，高論適時，常披味小品，以爲心要。陳留阮瞻、潁川庾敳，並結知音之友，世人呼爲八達。

按陶潛羣輔錄，以董昶、王澄、阮瞻、庾敳、謝鯤、胡母輔之、沙門于法龍、光逸爲八達；晉書光逸傳，則以胡母輔之、謝鯤、阮放、畢卓、羊曼、桓彝、阮孚、光逸等八人，爲時人呼爲八達。說法互異，未必爲眞，亦未必爲假。不過，沙門的倣效世俗行爲，狂放恣肆，是無可懷疑的，祐錄載竺叔蘭事，可爲一例。然而這祇不過是一二僧伽的曠達放蕩，在西晉末葉的談坐上，是毫無地位可言的。

東晉的最初二十年間，由於王導的在位，力主淸靜，上下以寧，加以招徠撫輯，北方人才紛紛渡江來歸。而江左君臣的優遇結納，佛教的發展遂步入坦途，世說方正篇注引高逸沙門傳曰：

晉元、明二帝，游心玄虛，託情道味，以賓友禮待法師。王公、庾公，傾心側傍，好同臭味也。

從高坐道人及竺法深事，可得一明證。對東晉當局來說，可能只是一種政治手腕，而僧伽却大受鼓勵了。

高僧傳卷四康僧淵傳云：

晉成之世，與康法暢、支敏度等俱過江。……暢常執麈尾行，每值名賓，輒清談盡日。

三人皆係極佳的談士，世說文學篇言康僧淵在殷淵源的談坐中，「語言辭旨，曾無愧色，領略麤舉，一往參詣」，遂而聞名。然在江左談坐上，支道林是一最重要的人物，不可不論。由他而打破了佛教和談坐間的隔閡；也由於他的成就，使談家們對於僧伽作了一番新的估價，促使他們對佛理的研討；更視之爲王弼、何晏之流的人物，而王何在談坐的地位是特別崇高的，世說賞譽篇注引支遁別傳云：

遁神心警悟，清識玄遠。嘗至京師，王仲祖稱其造微之功，不異王弼。

復引高逸沙門傳曰：

王濛恆尋遁過祇洹寺，中講正在高坐上，每擧麈尾，常領數百言，而情理俱暢，預坐百餘人，皆結舌注耳。濛云：「聽講衆僧向高坐者，是鉢釪後王何人也。」

此條恐有舛錯，然大意可知。是支不僅多標新理，且情理俱暢，使人心服口服，世說文學篇云：

支道林、許掾諸人，共在會稽王齋頭。支爲法師，許爲都講。支通一義，四坐莫不厭心；許送一難，衆人莫不抃舞。但共嗟詠二家之美，不辯其理之所在。

而我們可以用高僧傳卷四支遁傳作一總結，用此，不僅可以說明當時談風之盛，且可以看出，當時談家對他讚揚之至，傳曰：

每至講肆，善標宗會，而章句或有所遺，時為守文者所陋，謝安聞而善之。……王洽、劉恢、殷浩、許詢、郗超、孫綽、桓彥表、王敬仁、何次道、王文度、謝長遐、袁彥伯等，並一代名流，皆著塵外之狎。……郗超後與親友書云：「林法師神理所通，玄拔獨悟，數百年來，紹明大法，令眞理不絕，一人而已。」

所以書鈔引何法盛晉中興書曰：

郗超、沙門支遁，以清談著名於時，風流貴勝，莫不崇敬。

再看一下當時談坐的情形，世說文學篇云：

許掾年少時，人以比王苟子，許大不平。時諸人士及支法師並在會稽西寺講，王亦在焉，許意甚忿，便往西寺與王講理，共決優劣，苦相折挫，王遂大屈；許復執王理，王執許理，更相覆疏，王復屈。許謂支法師曰：「弟子向語何似？」支從容曰：「君語佳則佳矣！何至相苦邪？豈是求理中之談哉！」

蓋當時談士，徒以談論技巧炫人，作意氣之爭，初不在於「求理中之談」，「不辯其理之所在」是最好的寫照，同書又曰：

支道林初從東出，往東安寺中。王長史宿構精理，並撰其才藻，往與支語，不大當對，王敍致作數百語，自謂是名理奇藻，支徐徐謂曰：「身與君別多年，君義言了不長進。」王大慚而退。

在這方面，支道林是較一般談家們更為明白談論只是求理的工具，求理的手段，而不是它的目的。由於支道林的影響，佛理的研討，成為一時的風尚，前引諸人，皆或多或少地有了這種趨向，由談論而及詩文，世說文學篇注引續晉陽秋的一段文字，可以很顯然的表明這種趨向，它說：

正始中，王弼、何晏好莊老玄勝之談，而世遂貴焉。至過江，佛理尤盛。故郭璞五言，始會合道家之言而韻之，詢及太原孫綽，轉相祖尚，又加以三世之辭，而詩騷之體盡矣。詢、綽並為一時文宗，自此作者悉體之。至義熙中，謝混始改。

這也是以說明時代好尚之向背。

晉世僧伽之見於載籍的，多是談坐人物，而這些人，又都是通達內典外書的。通達內典外書的結果，莊老之說遂漸次浸漬而入於佛理。更由於多談坐人物，為了能樹立其理，所創立的佛家新論也因之日漸精微嚴密。般若之學卽因此而出現了各種不同的學說，而這些學說莫不是或多或少地受了中華舊有思想的影響。

出三藏記集卷八僧叡毗摩羅詰提經義疏序（大正藏二一四五）曰：

自慧風東扇，法言流詠以來，雖日講肆，格義迂而乖本，六家偏而不卽。性空之宗，以今驗之，最得其實。然鑪冶之功，微恨未盡，當是無法可尋，非尋之不得也。何以知之？此土先出諸經，於識神性空，明空處少；存神之文，其處甚多。

安澄中論疏記卷三釋之曰：

別記云：「格義」者，約正言也。「乖本」者，已成邊義也。「六家」者，空假名、不空假名也。「偏而不卽」者，未依正義。

叡法師所稱「六家」不知確指，然大皆如安澄所說「空假名、不空假名」。按梁寶唱續法論，言宋莊嚴寺釋曇濟作六家七宗論（高僧傳卷八濟傳云：「濟述七家論。」），復引下定林寺釋僧鏡實相六家論，陳小招提寺慧達肇論序亦有「或六家七宗，爰延十二」之說，姑不論其宗派的分法互異，且各家之名亦有出入，因爲這種分法，本來就是各任主觀，沒有一定的標準可言，試以之作一表：

曇濟六家七宗論	吉藏中論疏	山門玄義	泰法師二諦搜玄論	慧達肇論疏	中論述義	元康肇論疏（淨源中吳集解，文才肇論新疏同）
本無	道安			道安	道安	
本無異	琛法師	竺法深				竺法汰
即色	關內 支道林	支道林		支道林	支道林	支道林
識含	于法開	于法開				
幻化	壹法師	釋道壹				
心無	溫法師	釋僧溫	竺法溫	竺法溫	竺法溫	支愍度（新疏作道恆）
緣會	于道邃	于道邃				

六家七宗，都只是中國人士對於性空本無的解釋（註七），湯錫予氏並以劉宋曇濟所著六家七宗論爲主，考察其名目與人物，而成後表（註八）：

六家	七宗	主張之人
本無	本無	道安（性空宗義）
	本無異	竺法深　竺法汰　（竺僧敷）
即色	即色	支道林　（郗超）
識含	識含	于法開　（于法威　何默）

幻化	幻化	道壹
心無	心無	支愍度　竺法蘊　道恆　（桓玄　劉遺民）
緣會	緣會	于道邃

照湯氏的說法：

六家七宗，蓋均中國人士對於性空本無之解釋也。道安以靜寂說眞際。法深、法汰偏於虛豁之談。其次四宗之分馳，悉在辨別心色之空無。卽色言色不自色。識含以三界爲大夢。幻化謂世諦諸法皆空。三者之空，均在色也。而支公力主凝神。于法開言位登十地。道壹謂心神猶眞。三者之空，皆不在心神也。與此三相反，則有心無義。言無心於萬物，萬物未嘗無，乃空心不空境之說也。至若緣會宗，旣引滅壞色相之色，似亦重色空。綜上所說，般若各家，可分三派；第一爲二本無，釋本體之空無。第二爲卽色、識含、幻化，以至緣會四者，悉主色無，而以支道林爲最有名。第三爲支愍度，則立心無。此蓋恰當於不眞空論所呵之三家。觀於此，而肇公破異計，僅限三數，豈無故哉（註九）。

今按湯氏此說容有理所不通的地方，然他的分劃是可以採用的。以心無、卽色、本無三家，雖不能盡包他宗，實爲當時般若學主流的所在。而且六家七宗，也都是宋齊以後的一種分法。所以僧肇不眞空論所破，只有這三家。這也就是吉藏中論疏因緣品中所說的：「什師未至，長安本有三家義」的三家。雖然，這三家義是否在什師未至的「長安」，頗成問題，却無妨於這三家義在當時的重要性。

心無論，析之可得兩家。

世說假譎篇云：

愍度道人始欲過江，與一傖道人爲侶，謀曰：「用舊義往江東，恐不辦得食。」便共立心無義。既而此道人不成渡，愍度果講義積年，後有傖人來，先道人寄語云：「爲我致意愍度，無義那可立，治此計權救饑爾，無爲遂負如來也。」

世說此條不可信，傖道人，陳寅恪氏疑其卽康僧淵。高僧傳卷四淵傳云：

晉成之世，與康法暢、支敏度等俱過江。

陳氏之說云：「今就僧淵所誦之放光、道行二般若，及偏加講說之持心梵天經考之，足見此三經實爲心無義所據之聖典，僧淵與敏度之同過江，其關係決非偶然也。」（註一〇）然淵實西域人，而非如一切經音義引晉陽秋言「吳人謂中州人爲傖人」之傖道人明甚。世說文學篇云：

康僧淵初過江，未有知者，恆周旋市肆，乞索以自營。忽往殷淵源許，值盛有資客，殷使坐，麤與寒溫，遂及義理，語言辭旨，曾無愧色，領略麤擧，一往參詣，由是知之。

是知淵非但成渡，且得談論之名，亦與世說之說法不合。雖然如此，却無碍於我們所要討論的心無義，劉孝標注此條云：

舊義曰：「種智有是（當作是有），而能圓照，然則萬累斯盡，謂之空無；常住不變，謂之妙有。」

而無義者曰：「種智之體，豁如太虛，虛而能知，無而能應，居宗至極，其唯無乎。」

舊義之云「有」，乃是「妙有」，而非「實有」，雖有而不滯，雖空而不空。無義則以心體虛豁，而能知應，間採王輔嗣老注之說，依稀為道家之言。

吉藏中觀論疏謂心無乃溫法師義，其說云：

第三溫法師心無義。心無者，無心於萬物，萬物未嘗無。此釋意云：經中說諸法空者，欲令心體虛妄不執，故言無耳。不空外物，即萬物之境不空。

按此即肇師不眞空論所破者。論曰：

心無者，無心於萬物，萬物未嘗無。此得在於神靜，失在於物虛。

元康肇論疏（大正藏一八五九）上釋此節云：

心無者，破晉代支敏度心無義也。世說注云：「愍度道人始欲過江……愍度果講義積年。」（見世說假譎篇）從是以後，此義大行。高僧傳（卷五竺法汰傳）云：「時沙門道恆，頗有才力，常執心無義，大行荆土。汰曰：『此是邪說，應須破之。』乃大集名僧，令弟子曇壹破之，據經引理，析駁紛紜。恆拔其口辯，不肯受屈，日色既暮，明旦更集。慧遠就席攻難數番，關責鋒起，恆自覺義途差異，神色微動，麈尾扣案，未既有答。遠曰：『不疾而速，杼柚何爲？』坐者皆笑，心無之義，於此而息。」今肇法師亦破此義，先敘其宗，然後破也。「無心萬物，萬物未嘗無」者，謂經中實空者，但於物上不起執心，故言其空（遠之責道恆，卽以其未卽有答，執著於物也），然物是有，不曾無也。「此得在於神靜，失在於物虛」者，正破也。能於法上無執，故名爲「得」；不知物性是空，故名爲「失」也。

既「謂經中實空者，但於物上不起執心，故言其空，然物是有，不曾無也」，自有異於愍度道人。以愍度言心體虛豁，而溫法師則主不空外色。其說可見安澄中論疏記引山門玄義第五云：

第一釋僧溫著心無二諦論云：「有，有形也；無，無象也。有形不可無，無象不可有，而經稱色無者，但內照其心，不空外色。」此壹公破。反明色有，故爲俗諦；心無，故爲眞諦也。

復引泰法師二諦搜玄論云：

晉竺法溫，爲釋法琛法師之弟子也。其製心無論云：「夫有，有形者也；無，無象者也。然則有象不可謂無，無形不可謂無（當作有），是故有爲實有，色爲眞色。經所謂色受者，但內照其心，不滯外色，外色不受餘情之內，非無而何？豈謂廓然無形，而爲無色者乎？」高僧中沙門道恒執心無義，只是資學法溫之義，非自意之所至，後支愍度追學前義。故元康師云：「破支愍度心無義。」尋末忘本。

山門玄義所引，或法溫原文，慧達肇論疏所引竺法溫法師心無論亦同，唯「但內照其心，不空外色」作「但內停其心，令不想外色，卽色想廢矣」。吉藏二諦章卷上述心無義，亦與此略同。竺法溫，高僧傳無傳，馮芝生氏或疑其卽爲法深（竺潛）傳中所附之竺法蘊（註一二），然不可考也。至泰法師二諦搜玄論，謂道恆執心無義，實得之於法溫；而支愍度亦追學前義。然支愍度，道恆年輩俱早於法溫，安澄此言有誤（註一三）。又馮氏以道恆所持近愍度，似亦爲眞。

又有劉遺民者，與僧肇同時，而主心無義，肇論附其書問曰：

夫聖心冥寂，理極同無，不疾而疾，不徐而徐，是以知不廢寂，寂不廢知。未始不寂，未始不知，故其運動成功化世之道，雖處有名之中，而遠與無名同。斯理之玄，固常所彌味者矣。

此卽心無義也，而說與支愍度、道恆同，但主「聖心冥寂而有知」，似全從何晏无名論中蛻化而來，列子仲尼篇引其論曰：「夫道者，惟无所有者也。自天地以來，皆有所有矣，然猶謂之道者，以其能復用无所有也。故雖處有名之域，而沒其无名之象。」再看僧肇之答曰：

夫聖人玄心默照，理極同無。既曰爲同，同無不極，何有同無不極，而有定慧之名？定慧之名，非同外之稱也。若稱生同內，有稱非同；若稱生同外，稱非我也。

又聖心虛微，妙絕常境，感無不應，會無不通，冥機潛運，其用不勤。羣數之應，亦何爲而息邪？且夫心之有也，以其有有；有不自有，故聖心不有有；不有有，故有無有；有無有故，則無無；無無故，聖人不有不無；不有不無，其神乃虛。

故經云：「聖智無知而無所不知，無爲而無所不爲。」此無言無相寂滅之道，豈曰有而爲有，無而爲無，動而乖靜，靜而廢用邪？而今談者，多卽言以定旨，尋大方而徵隅，懷前識以標玄，存所存之必當。是以聞聖有知，謂之有心；聞聖無知，謂等太虛。有無之境，邊見所存，豈是處中莫二之道乎？

「尋大方而徵隅，懷前識以標玄」，肇師明乎「而今談者」之所以生異想者，「憶前識」也。遂「標玄」以入釋，此非獨劉遺民輩如是，卽支愍度、道恒等僧伽亦莫非如是。「聞聖有知，謂之有心」，是舊義也；「聞聖無知，謂等太虛」，此心無義也。雖湯錫予氏謂：「及至羅什東來，譯中、百二論，識神性空之義大明。」(註一三)然肇師答劉遺民固曰：「故經云：『般若於諸法，無取無捨，無知無不知。』此攀緣之外，絕心之域，而欲以有無詰者，不亦遠乎？」以有無致詰，則執着有無，而所以如此者，要其憶前識而故生異想也。

是以我們可以考知東晉之心無義，雖僧伽說「法」，而脫胎於輔嗣、平叔。既而流行荊楊，系分兩支：支愍度、道恆、劉遺民所持，所以證心體之虛而能應；而法溫所持，則在不空外色，此肇師不眞空論所破也。空心一途，彼方中、百二論識神性空之義庶幾近之，然而不執着有無，不落言詮，是其別也。至于不空外色，終非天竺之舊義，是爲東土之所獨有者(註一四)。

高僧傳卷四支遁傳引郄超與親友書云：

林法師神理所通，玄拔獨悟，數百年來，紹明大法，令眞理不絕，一人而已。

郄超的如此推崇支道林，一方面固然由於支的「玄拔獨悟」，再方面，超與林公，實理義相符契，共主卽色。

僧肇不眞空論曰：

即色者，明色不自色，故雖色而非色也。夫言心者，但當色卽色，豈待色色而復爲色哉？

此云卽色，明色不自色，待色色而爲色也。吉藏中觀論疏云：

第二卽色義。但卽色有兩家。一者，關內卽色義，明卽色是空者。此明色無自性，故言卽色是空，不言卽色是本性空也。此義爲肇公所呵，肇公云：此乃悟色而不自色，未領色非色也。

如吉藏所分判，前引關內卽色之說，而不是通常所說的卽色義。關內卽色所主：卽色是空，明色無自性，而不說卽色是本性空。安澄中論疏記釋之曰：

此師意云：細色和合，而成粗色。若爲空時，但空粗色，不空細色。望細色而粗色不自色。故又望黑色而是白色，白色不白色。故言卽色空，都非都色。若有色定相者，不待因緣，應有色法。又粗色有定相者，應不因細色而成。此明假色不空義也。

安澄以粗細黑白之色，喻關內卽色之但假因緣，色色而後爲色，故無定相，初不知色之非色，本性空寂，但存假有也。肇師沒有提到主倡者的名字，安澄、吉藏亦沒有說，是以關內卽色爲何人所主，是一個謎。吉藏續云卽色第二家義：

次支道林著卽色遊玄論，明卽色是空，故言卽色遊玄論。此猶是不壞假名，而說實相。與安師本性空故無異也。

安澄中論疏記引山門玄義云：

第八支道林卽色遊玄論云：「夫色之性，色不自色，不自，雖色而空。知不自知，雖知而寂。」彼意，明色心法空名眞，一切不無空色心是俗也。

色爲假名。猶存色名，是不壞假名。色心法空名眞，是說實相。他這樣講，與吉藏所云安師本性空不同。因爲，一個是不壞假名而說實相，一則不說假名而但名實相。高僧傳本傳亦稱遁作卽色遊玄論。又支道林別有卽色論，安澄疏記復引述義云：

其製卽色論云：「吾以爲『卽色是空，非色滅空』。斯言至矣！何者？夫色之性，不自有色。色不自有，雖色而空。知不自知，雖知恆寂。」然尋其意，同不眞空。正以因緣之色，從緣而有，非自有故，卽名爲空，不待推尋，破壞方空。既言夫色之性，不自有色，色不自有，雖色而空。然不偏言無自性邊，故知卽同於不眞空也。

慧達肇論疏亦引之曰：

吾以爲「卽色是空，非色滅空」，此斯言至矣。何者？夫色之性，色不自空，雖色而空。如知不自知，雖知恆寂也。

「卽色是空，色非滅空」，維摩經文也。引言卽色本性是空，卽色遊玄論則去其經文，將何明色心法空名眞？述義以爲同於不眞空者，徒惑其名卽色性空，殊不知其猶不空假名。世說新語文學篇亦謂支道林作卽色論，劉孝標注引之曰：

支道林集妙觀章云：「夫色之性也，不自有色。色不自有，雖色而空。故曰：『色卽爲空，色復異空』（般若經文）。」

元康肇論疏亦復引之。其結以般若經文「色卽爲空，色復異空」，雖亦不眞空意，雖亦不空假名，說固益深一層。

卽色主色空境空，與心無的主空心全然相反，與本無義則較接近。而支遁逍遙遊新理卽由是而出，此見之于世說文學篇，說云：

莊子逍遙篇，舊是難處，諸名賢所可鑽味，而不能拔理於郭、向之外。支道林在白馬寺中，將馮太常共語，因及逍遙。支卓然標新理於二家之表，立異義於衆賢之外，皆是諸名賢尋味之所不得，後遂用支理。

注引支氏逍遙論曰：

夫逍遙者，明至人之心也。莊生建言大道，而寄指鵬鷃，鵬以營生之路曠，故失適於體外；鷃以在近而笑遠，有矜伐於心內。至人乘天正而高興，遊無窮於放浪，物物而不物於物，則遙然不我得；玄感不為，不疾而速，則逌然靡不適，此所以為逍遙也。若夫有欲當其所足，足於所足，快然有似天眞，猶饑者一飽，渴者一盈，豈忘烝嘗於糗糧，絕觴爵於醪醴哉？苟非至足，豈所以逍遙乎？

我們又可以參考支道林的大小品對比要鈔序（大正藏二一四五出三藏記集），序云：

夫至人也，覽通羣妙，凝神玄冥，靈虛響應，感通無方。建同德以接化，設玄教以悟神，述往迹以搜滯，演成規以啓源。或因變以求通，事濟而化息；適任以全分，分足則教廢。故理非乎變，變非乎理；教非乎體，體非乎教。故千變萬化，莫非理外，神何通哉？以之不動，故應變無窮。

「以之不動，應變無窮」，此卽所謂「物物而不物於物」，故導致逍遙。然而「知不自知，雖知恆寂」，「凝神玄冥，感通無方」，「快然有似天眞」，是乃至人之心也。此說拔新領異，氣象開濶，而引人入勝，世說文學篇云：

王逸少作會稽，初至，支道林在焉。孫興公謂王曰：「支道林拔新領異，胸懷所及，乃自佳。卿欲見不？」王本自有一往雋氣，殊自輕之。後孫與支共載往王許，王都領域，不與交言，須臾，支退。後正值王當行，車已在門，支語王曰：「君未可去，貧道與君小語。」因論莊子逍遙遊，支作數千言，才藻新奇，花爛映發，王遂披襟解帶，留連不能已。

所以注引支法師傳曰：

法師研十地，則知頓悟於七住；尋莊周，則辯聖人之逍遙。當時名勝，咸味其音旨。

其實本是一理，即以莊明釋，而更以釋說莊。心無之義既從輔嗣、平叔之說老變化而出；即色亦自有其淵源。湯錫予氏以爲其出諸向秀、郭象之說(註一五)，其誤在認向、郭說爲同一。然向、郭之說於根本處實有所差別，子期既主物之生有所待，而子玄則以爲無所待，自然而生。反視即色義，既云不自有色，待色色而爲色，是有所待也，故實從子期莊注來。

故言即色，要亦分兩家，一關內，一支遁。前但空色而不明本性空寂；後者則主色空，而猶不空假名。關內不知何人，要皆行於關內；而支義既從向子期莊義蛻化而出，大行於江南，自非偶然，此當亦與支遁談論之功有關也。

至於本無家，諸章疏說法殊不一致。慧達肇論疏、中論述義屬之道安；元康肇論疏、淨源中與集解，及文才之新疏，則屬諸竺法汰；慧達肇論疏又引慧遠本無義。吉藏中觀論疏、安澄中論疏記則以道安明本無，而別從曇濟六家七宗論，以竺法汰爲本無異宗，是本無義初有兩家。名僧傳抄曇濟傳，云濟：

著七宗論，第一本無立宗曰：「如來興世，以本無弘敎，故方等深經，皆備明五陰本無。本無之論，由來尙矣！何者？夫冥造之前，廓然而已；至於元氣陶化，則羣像稟形；形雖資化，權化之本，則本於自然；自然自爾，豈有造之者哉？由此而言，無在元化之先，空爲衆形之始，故稱本無，非謂虛豁之中，能生萬有也。夫人之所滯，滯在末有，宅心本無，則斯累豁矣。夫崇本可以息末者，蓋此之謂也。」云云。

所用字句，直如出諸郭象莊注，「自然自爾，豈有造之者哉」，這是一件很奇怪的事，「如來與世，以本無弘敎，故方等深經，皆備明五陰本無。本無之論，由來尙矣」，本無乃眞如之古譯，爲的是從此土之所習。方等名羣經；而五陰，卽五蘊，謂色受想行識五取蘊莫非空無，故說：「無在元化之先，空爲衆形之始，故稱本無，非謂虛豁之中，能生萬有也。」而此本無，並不是講虛豁，指的是諸法之本性本來空寂。故「人之所滯，滯在未（疑當爲末）有；宅心本無，則斯累豁矣」，是以我們當知萬法本來畢竟空寂，若執着有，則滯而難明，必須破滅諸累，復歸本來。像這些，都與子玄的說法有異，而其他注疏中亦沒有見過「自然自爾」的說法，是否曇濟所傳益，就很難說了。吉藏中觀論疏云：

> 一者釋道安明本無義。謂無在萬化之前，空爲衆形之始。夫人之所滯，滯在未(末)有；若宅心本無，則異想便息。

安澄中論疏記亦引釋道安本無義云：

> 如來興世，以本無弘教。故方等深經，皆明五陰本無。本無之論，由來尙矣。謂無在元化之前，空爲衆形之始。夫人之所滯，滯之未（末）有，若宅心本無，則異想便息。

吉藏既引安公之說，復爲之解析，曰：

> 詳此意，安公明本無者，一切諸法，本性空寂，故云本無。此與方等經論，什肇山門，本無異也。

此說未爲非，以其明空寂，故僧叡稱其爲「性空宗」。慧達肇論疏解說最精，疏云：

> 第三解本無者，彌天釋道安法師本無論云：「明本無者，稱如來興世，以本無弘教，故方等深經，皆云五陰本無，本無之論，由來尙矣。」彼得彼義，爲是本無。明如來興世，只以本無化物，若能苟解本無，則思異息矣。但不能悟諸法本來是無，所以明本無爲眞，

，末有爲俗耳。

慧達此論得之矣。所說「若能苟解本無，則思異息矣」，即七宗論「宅心本無，則斯累豁矣」，亦即吉藏中論疏因緣品言釋道安明本無義所說「若宅心本無，則異想便息」。亦由於「安公本無者，一切諸法，本性空寂，故云本無」，所以說「無在元化之先，空爲衆形之始」。誠然，方等深經明五陰本無，然道安固不悟諸法本來是無，所以明諸法本無爲眞，而末有爲俗。一落言詮，遂執着空無，而滯於無。

元康肇論疏謂不眞空論所斥之本無義，乃竺法汰說，高僧傳卷五竺法汰傳，亦稱「汰所著義疏，並與郄超書論本無義，皆行於世」，此見出三藏記集引陸澄法論目錄（大正藏二一四五）：

本無難問　郄嘉賓。

竺法汰難，並郄答，往反四首。

然汰說今不可見。而不眞空論曰：

本無者，情尙於無多，觸言以賓無。故非有，有卽無；非無，無亦無。尋夫立文之本旨者，直以非有，非眞有；非無，非眞無耳。

是以知肇師所呵之本無，但爲執着無以說萬法。設元康說爲眞，則此當可視爲法汰之說，也就是本無異宗之論旨。然則本無亦有兩家，一但以無在元化之先，空爲衆形之始；另一則非眞有、非眞無，而情尙於無多。

至吉藏中觀論疏，及安澄中論疏記，並引竺法深說，而列之本無異宗。按中論疏記卷五引琛法師之言曰：

本無者，未有色法，先有於無。故從無出有，卽無在有先，有在無後，故稱本無。

吉藏以爲「此釋爲肇公不眞空論所破，亦經論之所未明也」，安澄中論疏記云：

二諦搜玄論十三宗中本無異宗，其製論曰：「夫無者，何也？壑然無形，而萬物由之而生者也。有雖可生，而無能生萬物，故佛答梵志，四大從空生也。」

山門玄義第五二諦章下云：復有竺法琛卽云：「諸法本無，壑然無形，爲第一義諦；所生萬物，名爲世諦。故佛答梵志，四大從空而生。」

是釋道安、竺法琛雖同言本無，然竺法深徒知諸法本無，壑然無形之爲第一義諦，未如釋道安之由空返寂，層次互異，一主空而一重無。

又慧達肇論疏引廬山遠法師本無義曰：

因緣之所有者，本無之所無；本無之所無者，謂之本無。本無與法性同實而異名也。

慧遠有法性論，卽推闡此義，以其執著有無，故僧肇謂其「非有者無此有，非無者無彼無」，致生穿鑿。按前引高僧傳卷五竺法汰傳，云法汰與慧遠共難道恆心無義，此自空色空心之爭，本無義卽劉孝標所謂之舊義，而慧遠之說亦必與法汰說相近。

上面三家，固不能說已盡包同時諸說，然可以稱之爲較早且較重要的三派理論。爲佛教入華後，因與原有之思想接觸後，而產生的三派般若理論。就地域言之，心無義廣行荊土，而卽色論傳之江左。就影響言之，本無、心無二字義，唯釋氏所爭；而卽色，則以支道林故，徧染俗子談家；與本無義發生的正面衝突較少。佛教到底是一有內容的宗教，在很短的時期內，由於時機的適宜，因緣的成熟，非但獲得了各階層人士的信仰，且使平靜的中國思想界起了革命，奠定了佛教在中國不可動搖的地位。

（註一）　可參考湯用彤佛教入華諸傳說之考證，漢魏兩晉南北朝佛教史上册頁一——二二。

（註二）　如後漢書卷七十二楚王英傳曰：「少時好游俠，交通賓客。晚節更喜黃老學，爲浮屠齋戒祭祀。（永平）八年，詔令天下死罪皆入縑贖，英遣郎中令，奉黃縑白紈三十匹，詣國相曰：『託在蕃輔，過惡累積，歡喜大恩，奉送縑帛，以贖愆罪。』國相以聞，詔報曰：『楚王誦黃老之微言，尙浮屠之仁祠，潔齋三月，與神爲誓，何嫌何疑，當有悔吝。其還贖以助伊蒲塞之盛饌。』因以班示諸國中傳。」注引袁宏漢記曰：「初，明帝夢見金人長大，項有日月光，以問羣臣，或曰：『西方有神，其名曰佛，陛下所夢，得無是乎？』於是遣使天竺，問其道術而圖其形像焉。」又卷七桓帝紀論曰：「前史稱桓帝好音樂，善琴笙，飾芳林而考濯龍之宮，設華蓋以祠浮圖老子，斯將所謂聽於神乎？」設蔚宗所說可信，則浮圖之教，已漸受東京皇室之崇信。然其流通，不過附方術而行，故經師學者，少有信者。

（註三）較早時期之佛理傳布，如神靈不滅、輪轉報應之說，主張省慾去奢、仁慈好施，及佛陀之祭祀，其膚淺，及不與傳統合，由是可以考見，參考湯用彤漢魏兩晉南北朝佛教史上册頁三八——四二。

（註四）湯用彤漢魏兩晉南北朝佛教史上册頁一〇一——二。

（註五）拙著東晉之般若學，海潮音四十二卷一、二月號頁十二。

（註六）拙著東晉之般若學，海潮音四十二卷一、二月號頁十二。

（註七）拙著東晉之般若學，海潮音四十二卷一、二月號頁十三。

（註八）湯用彤漢魏兩晉南北朝佛教史上册頁二〇——二。

（註九）湯氏佛教史頁二〇一——二。

（註一〇）陳寅恪支愍度學說考，史語所蔡孑民先生六十五歲紀念論文集。

（註一一）馮友蘭中國哲學史頁六七三。

（註一二）陳寅恪支愍度學說考，史語所蔡孑民先生六十五歲紀念論文集。

（註一三）湯用彤漢魏兩晉南北朝佛教史上册頁二三一。

（註一四）拙著東晉之般若學，海潮音四二卷一、二月號頁十四。

（註一五）湯用彤魏晉玄學流別略論，魏晉玄學論稿頁五三。又向秀、郭象之說，世人多有並稱之者，而實不同，說見前五、莊學之研究，又拙著竹林七賢研究頁一二六——三一。

十　餘　波

佛敎畢竟是一個有內容的宗敎，在很短的時間內，由於時機的適宜，因緣的聚合，非但獲得了各階層人士的信仰，且使平靜的中國思想界起了革命性的變化，奠定了佛敎在中國不可動搖的地位。在這同時，佛敎也是拿出了相當的代價，伴隨着它爲中國人普遍接受的，是它採用了不少中國流行的名詞，甚至於還滲入相當成份的此土思想，透過中國思維的和談論的方式，來說明佛敎的敎義。這些敎義，自然難以期望它是純粹的天竺產品，羣起並出的般若學說，就是經過加工的最佳例證。

面對這種玄釋交融的事實，不僅衛「敎」者感到有淨化佛門的需要，同樣地，在衛「道」者看來，也有淨化談坐的必要。

結束此一時代的般若學，是鳩摩羅什同他的弟子。爲了以往的譯本不够完美，所以重譯般若大小品，高僧傳鳩摩羅什傳云：

鳩摩羅什碩學鈎深，神鑒奧遠，歷遊中土，備悉方言。復恨支、竺所譯（註一），文制古質，未盡善矣，乃更臨梵本，重爲宣譯，故致今古二經，言殊義一。時有生、融、影、叡、嚴、觀、恆、肇，皆領悟言前，辭潤珠玉，執筆承旨，任在伊人，故長安所譯，郁爲稱首。

蓋當時譯經旣繁，佛理之名相條目，各經所以詮釋者不一，取捨會通，難知所據，遂各就其所見以臆解佛意。或所見本不眞切；或雖確有所悟，然毫釐之失，義遂大異者(註二)。羅什學宗般若，而特尊龍樹，旣見般若以前諸家之多偏於虛無；亦以三論之學，掃一切相，斷言語道，遂倡畢竟空之說，維摩經注曰：

本言空以遣有，非有去而存空。若有去而存空，非空之謂也。

畢竟空者掃一切相。旣遣於有，又復空空。旣非有非無，亦無生無滅。其弟子僧肇，復融合般若、維摩諸經，中、百諸論，於外典亦有所了悟，造物不遷、不眞空、及般若無知三論。命意遣詞，雖多襲取老莊之書，於有無之論，實用中論觀有無品之說，倡不眞空。謂諸法假號不眞，非有非無。欲言其有，有非眞生；欲言其無，事象旣形，象形不卽無，故曰非無；非眞非實有，故曰非有。本體無相，超於有無，而有無皆不眞，不眞卽空。用此以破心無、卽色、本無三家之義(註三)，這是第一次對東晉般若學之發展的批判，在佛教史上有着特殊的意義。

由於佛教的迅速發展，吸引了談坐人物的注意力，僧伽對外典的熟悉，格義的盛行，新義的產生，也許為某些傳教大師所不滿，可是事實上，就中國思想界來說，却轉移了客主的位置，不再是以老莊解佛，而是以佛解莊，支道林逍遙義可為一例。在這種情形下，召致談坐有心人的憂慮，玄學遂應運而生。宋書卷六十六何尚之傳云：

（太祖）元嘉十三年，彭城王義康欲以司徒左長史劉斌為丹陽尹，上不許，乃以尚之為尹。立宅南郭外，置玄學，聚生徒。東海徐秀、廬江何曇、黃回、潁川荀子華、太原孫宗昌、王延秀、魯郡孔惠宣，並慕道來遊，謂之南學。

按南史卷三十何尚之傳，亦有相同之記載，當本出宋書，然其後更曰：

王球常云尚之西河之風不墜，尚之亦云球正始之風尚在。

此處極可玩味，而南史亦當有所本。西河，子夏之所居，於孔門之光大，極具貢獻，王球以尚之比擬之，而尚之復以「正始之風尚在」還之，是有他的意義的。元嘉十三年立玄學，只可認為是私人的創學。而宋書卷九十三隱逸雷次宗傳云：

元嘉十五年，徵次宗至京師，開館於雞籠山，聚徒教授，置生百餘人，會稽朱膺之、潁川庾蔚之，並以儒學監總諸生。時國子尚未立，上留心藝術，使丹陽尹何尚之立玄學、太子率更令何承天立史學、司徒參軍謝元立文學，凡四學並建。車駕數幸次宗學館，資給甚豐。

時不過距何尙之立丹陽玄學兩年，儒、玄、文、史四學的並建，亦可以看出它的需要，和內容的大概。使尙之立玄學，必定是南學設立極著成效，而一切規模當亦多倣南學。雷次宗不久卽返歸廬山，四學是否尙維持下去，已不可考了。其後三十多年，到明帝的泰始六年，又有了新的發展，宋書卷八明帝紀泰始六年九月：

戊寅，立總明觀，徵學士以充之，置東觀祭酒。

敍述太簡，不如南史的詳明，南史卷三宋本紀下明帝紀泰始六年：

九月戊寅，立總明觀，徵學士以充之。置東觀祭酒、訪擧各一人，擧士二十人，分爲儒、道、文、史、陰陽五部學，言陰陽者遂無其人。

他處皆作玄，而此作道，又同書卷二二王儉傳曰：

宋時，國學頹廢，未暇修復。宋明帝泰始六年，置總明觀，以集學士，或謂之東觀。置東觀祭酒一人、總明訪擧郞二人，儒、玄、文、史四科，科置學士十人，其餘令史以下各有差。

通典卷二七職官九國子監條亦有相同記載，唯無訪擧郞。而本紀言分五部學，此作四科，恐初擬置陰陽，卒以「言陰陽者初無其人」而罷，道學亦改爲玄學，員額亦有增加。儉傳又曰：

> 是歲，以國學既立，省總明觀，於儉宅開學士館，以總明四部書充之，又詔儉以家爲府。

按此處作「是歲」，實指齊永明三年夏五月，在他書亦見載錄，文獻通考卷四一學校考二：

> 齊高帝建元四年，詔立國學，以張緒爲祭酒。置學生百五十人，取王公以下子孫，年十五以上、二十以下，家上都二千里爲限，帝崩，乃以國諱廢學。

又曰：

> 武帝永明三年，詔立學。初，宋太宗置總明觀，以集學士，亦謂之東觀。上以國學既立，省總明觀，召公卿以下子弟，置生二百二十人，其年秋中悉集。

就此二條觀之，不僅總明觀未於泰始六年省去，且延續到齊永明三年，即自西紀四七〇年至四八五年，在這十六年中，且於建元四年與齊國學並行，通典卷二七職官九國子監條謂：

> 齊高帝建元四年，有司奏置國學，……其後國諱廢學。永明三年立學，尚書令王儉領祭酒，學既建，乃省總明觀。

南史卷四齊本紀上武帝紀，於永明三年，亦有一條：

> 夏五月，省總明觀。

這時，距元嘉十三年何尙之初立玄學（西紀四三六年），已有五十年。在這五十年中，固然不能說玄學有多大的發展，因爲它時立時廢，可是在事實上，它確已在佛敎的洪流中，打下本土傳統學術思想的根基。南齊書卷三十三王僧虔傳云：

僧虔宋世嘗有書誡子曰：「知汝恨吾不許汝學，欲自悔厲，或以闔棺自欺，或更擇美業，且得有慨，亦慰窮生，但亟聞斯唱，未覩其實，請從先師聽言觀行，冀此不復虛身，吾未信汝，非徒然也。

按僧虔卒於永明三年，時年六十，可說是與玄學的設立相始終者。在誡子書的第一段，似乎並無關緊要，可是却點出「知汝恨吾不許汝學」一句話，此「非徒然也」。

往年有意於史，取三國志，聚置床頭百日許，復徙業就玄，自當小差於史，猶未近彷彿。曼倩有云：『談何容易！』見諸玄，志爲之逸，腸爲之抽，專一書，轉通數十家注，自少至老，手不釋卷，尙未敢輕言。

僧虔在研習玄、史的比較上，很快地被玄所吸引，而致「志爲之逸，腸爲之抽」了。然而，談並不是一件容易的事，非如想像那樣地簡單，除了天賦，尙須極深的學力。

汝開老子卷頭五尺許，未知輔嗣何所道，平叔何所說，馬、鄭何所異，指例何所明，而便盛於麈尾，自呼談士，此最險事。設令袁令命汝言易，謝中書挑汝言莊，張吳興叩汝言老，端可復言未嘗看邪？談故如射，前人得破，後人應解，不解卽輸賭矣！

「談故如射，前人得破，後人應解，不解卽輸賭矣」，因之，學力是最要緊的。而玄學的目的，也就是在能對昔日談論的遺產，作一全盤的硏究。

且論注百氏，荆州八袠，又才性四本、聲無哀樂，皆言家口實，如客至之有設也。汝皆未經拂耳瞥目。豈有庖廚不脩，而欲言大賓者哉？

談論的範圍，不僅是易、老、莊三書，且遠及論注百氏。固然，我們可以專精一事，然於其他，却不能不知，因爲這是「言家口實，如客至之有設也」。

就如張衡思侔造化，郭象言類懸河，不自勞苦，何由至此！汝未嘗窺其題目，未辨其指歸，六十四卦未知何名，莊子衆篇何者內外，八袠所載凡有幾家，四本之稱以何爲長，而終日欺人，人亦不受汝欺也。」

荆州八袠指的是什麼人？才性四本說些什麼？今皆失傳，難知其內容，然在當時，却爲「言家口實」，不可不知。在玄學中所學習的，當亦卽這些。而這些，也都只是些前人之說，沒有新理論的創設。因之，玄學——專門研討學習「玄」這一門學問的學校——雖使得玄，足與儒、釋並立，然而並不能挽救玄的，以及談論的命運。

玄學的樹立，有它特殊的意義，然盛時已去，不可復再，最多使得玄言苟延殘喘而已。然當宋齊時，突爾有談義（或作談議）的產生，南齊書卷三十二張岱傳云：

（岱兄）鏡少與光祿大夫顏延之鄰居，顏談議飲酒，喧呼不絕，而鏡靜翳無言聲。後延之於籬邊聞其與客語，取胡床坐聽，辭義淸玄，延之心服。

談議之最早者，當推顏延之。同書卷二十三褚淵傳云：

淵涉獵談義，善彈琵琶。

又卷二十四柳世隆傳云：

世隆少立功名，晚專以談義自業，善彈琴，世稱柳公雙璅，爲士品第一。常自云：「馬稍第一，淸談第二，彈琴第三。」

是談義或卽淸談也。又卷四十八劉繪傳曰：

永明末，京邑人士盛爲文章談義，皆湊竟陵王西邸。繪爲後進領袖，機悟多能，時張融、周顒，並有言工，融音旨緩韻，顒辭致綺捷，繪之言吐，又頓挫有風氣，時人爲之語曰：「劉繪貼宅，別開一門。」言在二家之中也。

由此諸條，知談義特以言辭取勝，有類漢魏間之美音制。其名既曰談義，是亦重義理，然不必與談玄之內容相同。其後不傳，其內容亦不可考，從所引，當亦無內容之可言。

齊梁以後，談論更爲消沉沒落，而所以衰竭不振之原因有四：

第一，由於佛教的日漸發展，奪去一大部分學子的心智：到了五、六世紀，佛學的研討，不必再假此土的老莊，而獨立成爲大國。且由於內涵的豐富，意境的清新超越，雖非釋子，亦多好此道。斯輩文論，弘明集及廣弘明集多所載錄。尤致意於達性、更生、神不滅、報應諸論。弘明集卷十四僧佑弘明集後序云：

> 余所集弘明，爲法禦侮，通人雅論，勝士妙說，摧邪破惑之衝，弘道護法之塹，亦已備矣。然智者不迷，迷者乖智，若導以深法，終於莫領，故復撮擧世典，指事取徵，言非榮華，理歸質實，庶迷塗之人，不遠而復，總釋衆疑，故曰弘明論云。

我們固不必認爲此輩多信佛說，然至少對於佛理已加以深切的注意，和感到興趣；而另一部分人，則皈依其說，爲之倡論，此可以沈約爲代表，廣弘明集卷二十二引其奉齊司徒竟陵王敎而撰之內典序云：

> 夫秉牘書事，其流已遠，蓋所以彪著往迹，煥述遐聲。雖篆籀異文，胡華舛則，至於叶

暢心靈，抑揚訓義，固亦內外同規，人神一揆。墳典丘索，域中之史策；本起下生，方外之紀傳，統而爲言，未始或異也。……且中外羣聖，咸載訓典，雖教有殊門，而理無異趣，故眞俗兩書，遞相扶奬，孔發其端，釋窮其致，撤網去綱，仁惠斯在，變民遷俗，宜以漸至，精粗抑引，各有由然。是故曲辯情靈，棲心妙典，伏膺空有之說，博綜兼忘之書，該括羣流，集成茲典，事以例分，義隨理合，功約悟廣，莫尙於斯，可以理求，證成妙果。……蓋入道之筌蹄，羣生有悟於此也。

在這種情形下，談論自大受打擊，無形地阻擾了談風的傳布，從東晉的中晚期足，情勢已漸次顯明了。

第二，由於經籍的傳授，儒家正統的地位漸形恢復，而極力排斥談風，以鞏固本身的地位；談風之起，正當經學以極弊，儒生的見鄙。其後談風既盛，而玄虛放誕以病國家，遂成儒者攻擊「黜六經，宗莊老」者的有利藉口，文選卷四十九干寶晉紀總論曰：

今晉之興也，功烈于百王，事捷于三代，蓋有爲以爲之矣。……二祖逼禪代之期，不暇待三分八百之會也，是其創基立本，異于先代者也。又加之以朝寡純德之士，鄉乏不二之老，風俗淫僻，恥尙失所。學者以莊老爲宗，而黜六經；談者以虛薄爲辯，而賤名檢。

注復引晉紀曰：

傅玄上書曰：「昔魏氏虛無放誕之論，盈于朝野，使天下無復淸議，而亡秦之病，復發于今。」

而魏氏固求進取，不重有行，此由漢末而魏而晉，繼續地發展下去，同書又曰：

以劉弘領荆州，劉弘敎曰：「太康以來，天下共尙無爲，貴談莊老，少有說事。」

慨然言之者，還有一個葛洪，抱朴子外篇卷二十五疾謬篇曰：

世故繼有，禮敎漸頹，故讓莫崇，傲慢成俗。儔類飮會，或蹲或踞。暑夏之月，露首袒體。盛務唯在摴蒱彈棋，所論極於聲色之間，擧足不離綺繻紈袴之側，游步不去勢利酒客之門。不聞淸談講道之言，專以醜辭嘲弄爲先，以如此者爲高遠，以不爾者爲騃野。

遂上推「漢之末世」，並曰：

終日無及義之言，徹夜無箴規之益，誣引老莊，貴於率任，大行不顧細禮，至人不拘，撿括嘯傲，縱逸謂之體道。……凡彼輕薄之徒，雖便辟偶俗，廣結伴流，更相推揚，取達速易，然率皆皮膚狡澤，而懷空抱虛，有似蜀人瓠壺之喻，胸中無一紙之誦，所識不過酒炙之事。所謂傲很明德，卽聾從昧，冒于貨財，貪于飮食，左生所載，不才之子也。若問以墳索之微言，鬼神之情狀，萬物之變化，殊方之奇怪，朝廷宗廟之大禮，郊祀禘祫之儀品，三正四始之原本，陰陽律歷之道度，軍國社稷之典式，古今因革之異同，則悅悖自失，暗嗚俛仰，蒙蒙焉，莫莫焉，雖心覺面牆之困，而外護其短乏之病，不肯謐己，强張大談，曰雜碎故事，蓋是窮巷諸生章句之士，吟詠而向枯簡，匍匐以守黃巷者，所宜識不足以問吾徒也。誠知不學之弊，碩儒之貴，所祖習之非，所輕易之謬，然終於迷而不返者，由乎放誕者，無損於進趣故也。

迷而不返，由於無損於進趣，確是一針見血之言。以直到此時為止，不過為一二臣民尙儒者感激之辭，並不能發生若何作用。宋齊雖立國學，然徒爲具文，至梁始有其實。故宋、齊書無儒林傳，而梁書有之，可為一證。梁書卷四十八儒林傳序云：

漢氏承秦燔書，大弘儒訓，太學生徒，動以萬數，郡國黌舍，悉皆充滿，學於山澤者，至或就為列肆，其盛也如是；漢末喪亂，其道遂衰。魏正始以後，仍尚玄虛之學，為儒者蓋寡，時荀顗、摯虞之徒，雖刪定新禮、改官職，未能易俗移風。自是中原橫潰，衣冠殄盡，江左草創，日不暇給，以迄乎宋齊，國學時或開置，而勸課未博，建之不及十年，蓋取文具，廢之多歷世祀，其棄也忽諸鄉里，莫若開館，公卿罕通經術，朝廷大儒，獨學而弗肯養衆，後生孤陋，擁經而無所講習，三德六藝，其廢久矣！高祖有天下，深愍之……（武帝天監）四年詔曰：「二漢登賢，莫非經術，服膺雅道，名立行成；魏晉浮蕩，儒敎淪竭，風節罔樹，抑此之由。……可置五經博士各一人，廣開館宇，招內後進。」

儒師既有帝王爲之張目，自然得意，而談論之士，更受一重有形的輿論打擊。雖然，這是寃枉的，以談士未必玄虛放誕，此特曠達一支之行爲，然末流相合，玉礫難分，同遭指責，這也是無可奈何的。

第三，由於談論本身內容的空乏，多以言辭相尙，自難與儒釋相抗：前面所說的兩點，固然對談坐的影響很大，然而談論如眞有內容，仍有發展的餘地，梁書卷四十一王規傳附子褒傳：

褒著幼訓以誡諸子，其一章云：「……吾始乎幼學，及于知命，既崇周孔之敎，兼循老釋之談，江左以來，斯業不墜，汝能脩之，吾之志也。」

在當時，這似乎是一種極其普遍的現象，「既崇周孔之敎，兼循老釋之談」，從天子以至庶人，除開少數的僧伽、經師之外，孔、老、釋的地位是相等的，在人們的心目中，並沒有輕重；是交相容的，而不必相斥。然而談論的內容，從宋齊立玄學加以淨化的結果，「洎於梁世，莊、老、周易，總謂三玄。」（註四）談士就在三玄中打圈子，而不能超拔，前人之說既盡其理，後來者只能在言工(註五)上顯功夫，此所以顏之推歎之曰：「直取其清談雅論，辭鋒理窟，剖元析微，妙得入神，賓主往復，娛心悅耳，然而濟世成俗，終非急務。」(註六)是以談論到了後來，非但爲人所譏刺，亦有違於談論的初旨，以談家所習，理勝其辭，談實爲求理而設，今理既不能得，則自無談論存在的價值和必要。渡江前後的佛理乘虛而入，齊梁以後談論的日微，莫不如此，初非因外力也。

第四，由於文學的漸受重視，有才力者多轉向北方，談論益不振作：文學和談論是正相反的兩條路子，一重辭而一求理，南齊書卷五十二文學傳史臣（蕭子顯）曰：

若夫委自天機，參之史傳，應思悱來，勿先構聚，言尙易了，文憎過意，吐不含金，滋潤婉切，雜以風謠，輕脣利吻，不雅不俗，獨中胸懷，輪扁斵輪，言之未盡，文人談士，罕復兼工，非唯識有不周，道實相妨。談家所習，理勝其辭，就此求文，終然翳奪，故兼之言鮮矣！

我們可以前事作一例證而加以說明，建安七子，其文足稱，然未有談名，此因或因談風之未起，而自正始之時，文論不繁而玄論始盛，以玄論之爲論，主研精一理，文論則不然。自足以後，樂廣喜淸言而不長於筆，非獨廣一人，他談家又何不然；阮籍、嵇康、向秀則能爲文，未見談名，故不為世所重。其後，文學漸受重視，談論轉衰，宋明帝在藩時，嘗撰江左以來文章志(註七)；南齊書卷三十九陸澄傳史臣曰：「晉世以玄言方道，宋世以文章開業。」再在其先，文帝立儒、玄、文、史四學，文學居然與儒、玄、史學並立，可見其受重視之一斑；劉義慶撰世說新語，亦有文學一篇；王儉目錄有文翰志；阮孝緒七錄更有文集錄，這都表示文學的迅速發展，自然也是由於帝王的倡導，而談論更難有為了。

在如此情形下，談論的日漸衰微，是必然的結果，然而，它並沒有消滅，只是內容換了，談論的是儒釋的經義，至於名理(註八)，不過偶而一見。

附帶要說的，是佛理，雖因僧伽的覺醒，而廢除了格義，然而，它的傷害已經造成了，沒有人再能使它恢復過去的情形，卻因而促使佛教的中國化，這也當是初時所未能逆料到的。

(註一)　支、竺，指的是支婁迦讖、竺朔佛。二師於漢靈帝光和、中平年間，譯有道行經。然支愍度合首楞嚴經云：「讖，月支人。漢桓、靈之世，來在中國。其博學淵妙，才思測微，凡所出經，類多深玄，貴尚實中，不存文飾。」故有羅什重譯之事。

(註二)　湯用彤漢魏兩晉南北朝佛教史上冊頁二一三。

(註三)　拙著東晉之般若學，海潮音四二卷一二月號頁十六；又湯用彤漢魏兩晉南北朝佛教史上冊頁二四三—四。

(註四)　北齊顏之推顏氏家訓勉學第八。

(註五)　言工，見南齊書卷四十八劉繪傳。

（註六）顏之推顏氏家訓勉學第八。

（註七）見宋書卷八明帝紀。

（註八）如前引北齊書卷二十四杜弼傳，載弼與邢邵扈從東山，共論名理事。

引用書目

周易　王弼、韓康伯注
周易略例　王弼
周易鄭康成註序　王應麟
易義別錄　張惠言
談易　戴君仁
周禮注疏　賈公彥
禮記正義　孔穎達
左傳正義　孔穎達
論語集解　何晏
孟子
春秋繁露　董仲舒
說文解字注　段玉裁
廣雅
經典釋文
兩漢經學今古文平議　錢穆
荀子
老子　王弼注
莊子　郭象注
莊老通辨　錢穆
莊子列子知見書目　嚴靈峯
韓非子
淮南子
太玄　楊雄
論衡　王充

潛夫論 王符
中論 徐幹
王仲宣集
人物志研究 李一之
列子 張湛注
文選 李善注
文心雕龍 劉勰
日知錄 顧炎武
十駕齋養新錄 錢大昕
北堂書鈔
太平御覽
魏晉玄學論稿 湯用彤
魏晉思想論 劉大杰
竹林七賢研究 何啓民
魏武帝集
阮步兵集
人物志 劉劭著、劉昞注
抱朴子 葛洪
列子集釋 楊伯峻
世說新語 劉義慶撰、劉孝標注
文心雕龍校釋 劉永濟
潛研堂集 錢大昕
全三國文
藝文類聚
大正大藏經
魏晉清談思想初論 賀昌羣
才性與玄理 牟宗三
中國思想通史第三卷 侯外廬、趙紀彬、杜國庠、邱漢生

漢魏兩晉南北朝佛教史上冊 湯用彤
魏晉南北朝史論叢 唐長孺
中國哲學史 馮友蘭
新原道 馮友蘭
史記
漢書
後漢書
後漢紀
三國志 裴松之注
晉書
宋書
南齊書
梁書
南史
北齊書
隋書
歷代史表 萬斯同
通鑑考異 司馬光
通典 杜佑
文獻通考 馬端臨
水經注 酈道元
魏晉的自然主義 容肇祖
其他各種專論見本文註

國家圖書館出版品預行編目資料

魏晉思想與談風
何啟民著. – 初版. – 臺北市：臺灣學生，民 109 印刷
面；公分
ISBN 978-957-15-0112-3 (平裝)

1. 哲學 – 中國 – 三國魏(220-264)
2. 哲學 – 中國 – 晉(265-419)

112.3 79000839

魏晉思想與談風

著作者 何啟民
出版者 臺灣學生書局有限公司
發行人 楊雲龍
發行所 臺灣學生書局有限公司
地址 臺北市和平東路一段 75 巷 11 號
劃撥帳號 00024668
電話 (02)23928185
傳真 (02)23928105
E-mail student.book@msa.hinet.net
網址 www.studentbook.com.tw
登記證字號 行政院新聞局局版北市業字第玖捌壹號
定價 新臺幣四四〇元

一九九〇年六月四刷
二〇二〇年十月五刷

12301